Kakuzō Okakura

Le Livre du thé

Traduit de l'anglais par Jérôme Schmidt

Préface de Per Oscar Brekell
traduite de l'anglais par Églantine Thorne

Introduction de Ako Yoshino
traduite du japonais par Patrick Honnoré

éditions imho

Dépôt légal : octobre 2022
ISBN : 978-2-36481-066-2
EAN : 9782364810662

Conception graphique : Vincent Montagnana
Assistants d'édition : Clara Ramalho,
Yanis Makoumbou, Malou Micolod

Traduction de la préface : Églantine Thorne
Traduction de l'introduction : Patrick Honnoré
Traduction *Le Livre du thé* : Jérôme Schmidt

Plus d'infos sur www.imho.fr

Note de l'éditeur

Toutes les notes de bas de page, sauf mention contraire, sont de l'éditeur.

Afin de faciliter la lecture et la compréhension du livre, les retranscriptions des noms chinois et japonais ont été adaptées et modernisées selon les règles actuelles. Les noms d'origine ainsi que les éventuelles corrections apportées sont indiqués en notes de bas de page. Enfin, l'ordre occidental prénom – nom a été appliqué.

PRÉFACE

Lire Kakuzō Okakura à l'ère du numérique et du réchauffement climatique

Le Livre du thé est souvent perçu comme un ouvrage qui se sert du thé pour expliquer la mentalité orientale à un lectorat occidental. Le thé en général, et la cérémonie du thé japonaise en particulier, sont censés exprimer et incarner les caractéristiques majeures et les thèmes au cœur non seulement de la culture japonaise, mais également de la culture asiatique tout entière, en incluant des éléments empruntés aux philosophies et aux religions telles que le taoïsme, le bouddhisme et le confucianisme. Même si l'œuvre de Kakuzō Okakura a été publiée pour la première fois il y a plus d'une centaine d'années, elle représente encore une source d'inspiration pour de nombreux lecteurs contemporains. Certes, Okakura a vécu à une époque très différente de la nôtre, mais son livre semble réussir à capturer un je-ne-sais-quoi de très important encore aujourd'hui, pour les Orientaux comme pour les Occidentaux. Entre les lignes, nous pourrons sans doute percevoir un message adressé à nos sociétés, notre culture et notre mode de vie actuel. Les avancées technologiques et la croissance économique ont été extrêmement bénéfiques à nos sociétés modernes, mais en même temps, le réchauffement climatique et autres problèmes environnementaux assombrissent toutes nos grandes réussites. En outre, le numérique et la robotisation ont transformé la société, la rendant encore plus confortable qu'on n'aurait jamais pu l'imaginer auparavant. Pourtant, malgré tout cela, une sensation confuse mais persistante de perte nous travaille et nous tourmente l'esprit. En progressant ainsi à grande vitesse sans jamais nous arrêter, nous pourrions bien passer à côté d'une chose très importante. Or, accessoirement, *Le Livre du thé* semble également traiter la perspective d'une grande perte, ou du moins la crainte de celle-ci. Car même si l'époque d'Okakura était différente, elle comporte de nombreuses similitudes avec ce que nous traversons actuellement. À la place de la numérisation, à l'ère d'Okakura, l'humanité faisait face au projet redoutable de l'industrialisation. Comme nous le savons parfaitement aujourd'hui, les conséquences furent une transformation radicale de la société.

En raison de la rapidité de ce processus, elle fut particulièrement éclatante dans le pays natal d'Okakura pendant l'ère Meiji (1868-1912). La société japonaise subissait alors une modernisation et une frénésie d'occidentalisation au cours desquelles de nombreuses œuvres d'art furent vendues à des marchands étrangers à des prix ridicules. Par conséquent, leurs îles natales furent privées de ces objets inestimables, qui se retrouvèrent dans des musées, des galeries ou des collections privées en Occident. Pour revenir au pays du Soleil-Levant, le chemin de fer y améliora la mobilité, mais au prix de la beauté picturale de l'ancien paysage urbain. De même, les usines flambant neuves apportèrent avec elles une grande richesse, mais crachèrent également une fumée noire polluant l'air de nombreuses communautés japonaises. La ville d'Edo, dont les quelques Européens qui l'avaient visitée pendant le règne du *shōgun* Tokugawa avaient fait l'éloge de sa beauté, avait entamé sa grande transformation en ce qui finirait par devenir la cavalcade de béton et de néons qui caractérise la Tokyo contemporaine. La soif de nouveauté semblait ne connaître aucune limite, tout comme le dédain pour l'ancien. Kakuzō Okakura vivait au milieu de tout cela, et s'il n'y voyait sans doute pas une menace pour le Japon en tant que nation, il pensait que les valeurs esthétiques et morales de son pays, ainsi que sa spiritualité, étaient menacées. Ce n'est donc pas surprenant qu'il se dégage de son écriture un sentiment d'urgence. Il encourage le lecteur à se montrer critique à l'égard de l'hégémonie culturelle occidentale, et à reconsidérer la valeur des traditions ainsi que des arts asiatiques. Son livre peut également être pris comme un avertissement, dans lequel Okakura prédit la perte irréparable de traditions ancestrales, si nous ne les sauvons pas du sacrifice sur l'autel de la rationalisation et de l'industrialisation. L'harmonie, en particulier, est mentionnée comme l'une des victimes de ce qu'il perçoit comme un massacre intellectuel et spirituel. Le ton est parfois brutal, parfois sentimental, parfois romantique et même visionnaire. Ce qui peut être sauvé doit être sauvé, et nous devons agir immédiatement. Par conséquent, même si l'humilité est un concept crucial de la cérémonie du thé, Okakura ne peut pas rester un « théiste poli », comme il le formule lui-même dans le premier chapitre de son livre. En d'autres termes, il semble considérer qu'il est de son devoir de s'exprimer et d'agir, avant qu'il ne soit trop tard. Au vu de tout cela, Okakura risque fort de passer pour un auteur assez excentrique et mélodramatique aux yeux du lecteur qui découvre son livre pour la première fois. Les œuvres qui lui sont consacrées suggèrent qu'il l'était, en effet. En outre, ses opinions tranchées et son entêtement semblent avoir fait de lui une personne avec laquelle il était difficile de travailler. Néanmoins, en gardant à l'esprit le fait qu'il a vécu dans une époque de grands changements, nous pourrons sans doute lui pardonner de s'être parfois laissé un peu emporter, à la fois dans ses livres et dans ses relations avec ses contemporains.

En tout cas, il se laisse certainement emporter. En tant que romantique, Okakura se montre particulièrement difficile à suivre pour un lecteur laïque moderne. En particulier, lorsqu'il raconte dans une langue dramatique et mélodieuse des légendes de la Chine ancienne ou de quelque autre partie de la sphère de pensée asiatique. L'histoire devient confuse par endroits, et une observation plus attentive révèle que l'exactitude et la cohérence ne faisaient pas partie des priorités d'Okakura. Son livre aurait certainement bénéficié d'un travail de correction rigoureux avant sa publication. D'un autre côté, un lecteur critique d'une intelligence moyenne n'accueillerait sans doute pas facilement ses affirmations comme des vérités universelles bien établies sans le moindre doute possible. Son ton est tout simplement trop poétique et grandiloquent pour être considéré comme une liste de faits corroborés. De toute manière, la joie de lire Okakura ne consiste pas à apprendre un certain nombre de faits historiques. Non, il vaut mieux le prendre comme une source d'inspiration, ou une invitation à la découverte de la culture du thé japonaise et de tous les idéaux qu'elle incarne. Lire *Le Livre du thé* de cette manière constitue probablement l'approche la plus gratifiante et la plus constructive de toutes. Le lecteur curieux et critique pourra alors procéder à l'exploration des traditions orientales, à la fois en pratique et par le biais de la littérature. Approcher ainsi *Le Livre du thé* d'Okakura ouvre l'esprit à de nouvelles perspectives. Curieusement même, certaines parties se mettent à paraître quasiment prophétiques à un humain du XXIe siècle. C'est comme si l'auteur essayait de communiquer non seulement avec son lectorat occidental d'alors, mais également avec l'humanité future dans sa globalité.

Pour être plus précis, les thèmes de notre époque, tels que la globalisation et la numérisation, font paraître les écrits d'Okakura encore plus pertinents. Le numérique, en particulier, a envahi quasiment tous les aspects de nos vies quotidiennes, et notre soif apparemment inextinguible d'améliorations de nos modes de vie matériels met à rude épreuve la planète sur laquelle nous vivons. Il va sans dire que nul ne peut nier les bénéfices de l'industrialisation et de la modernisation, et qu'il ne faut pas trop romancer les époques anciennes au cours desquelles une grande majorité de gens vivaient dans une extrême pauvreté. Cela dit, une sensation confuse de perte semble également persister. Qu'avons-nous perdu en chemin, et comment pourrions-nous tenter de le récupérer ? En effet, c'est en tant qu'être vivant au XXIe siècle que je trouve que bon nombre des mots d'Okakura forment matière à réflexion. À défaut de réponses, il semble fournir au moins des allusions à ce qui manque à la vie moderne.

Prenez les fleurs, par exemple. Okakura conte une histoire célèbre à propos du *taikō* (le seigneur féodal connu comme « le second grand unificateur du Japon ») Hideyoshi Toyotomi, en visite chez le grand maître de thé Sen no Rikyū. Ce dernier était censé posséder un jardin splendide rempli de belles-de-jour. Comme c'était une plante rare à l'époque, le jardin du maître de thé était devenu célèbre, et Hideyoshi Toyotomi ne mit pas longtemps à apprendre son existence. Il finit par être invité à venir les voir, mais à son arrivée, le décor n'était pas exactement ce qu'il avait prévu : toutes les fleurs, coupées, n'étaient donc plus visibles dans le jardin. On aurait pu s'attendre à de la colère de la part du puissant Hideyoshi Toyotomi, venu avant tout pour voir les fleurs. Cependant, en entrant dans la chambre de thé, une vue rare s'offrit à lui. Une fleur unique avait été placée dans un magnifique vase de bronze Song. Rikyū n'avait sélectionné que la plus belle fleur pour son visiteur important. Inutile de dire que Hideyoshi Toyotomi fut aussi impressionné que stupéfait. Cette histoire semble comporter plusieurs messages. Tout d'abord, au lieu de contempler un jardin tout entier en pleine floraison, nous sommes davantage capables d'apprécier la vraie beauté des fleurs quand tous nos sens sont dirigés vers un seul spécimen.

Okakura souligne ce point lorsqu'il traite des chambres de thé et de leurs intérieurs, ou plutôt de leur absence d'ornements. Il affirme que d'un point de vue européen, la chambre de thé japonaise peut sembler extrêmement spartiate. Okakura soutient que c'est une « maison du vide car elle est dénuée d'ornements, sauf ce qu'on peut y placer afin de satisfaire un besoin esthétique passager »[1], et plus loin qu'elle « est maison d'asymétrie car elle est consacrée à la vénération de l'imparfait, et qu'on y laisse toujours quelque chose d'inachevé que l'imagination s'amuse ensuite à compléter. »[2] Il semble y avoir deux points importants ici. D'abord, le manque d'ornements souligne l'unique ou le peu de choses mises en évidence, et dirige ainsi notre attention sur elles. En outre, cela nous permet également de concentrer notre attention sur elles. Cela rappelle l'épisode des fleurs décrit ci-dessus, et suggère clairement que trop de stimulus peuvent représenter un obstacle, voire même une nuisance, pour celui qui tente d'apprécier la beauté de quelque chose, que ce soit une œuvre d'art, un morceau de musique ou quoi que ce soit d'esthétique. Avec nos notifications constantes

1. OKAKURA Kakuzō, *Le Livre du thé*, chap. IV, p. 136.
2. *Loc. cit.*

et notre activité apparemment sans fin sur les réseaux sociaux, il semble que notre attention soit constamment attirée dans différentes directions, ce qui ne nous permet de nous arrêter que brièvement à chaque fois. Cela nous rend peut-être moins apte à apprécier la vraie beauté lorsqu'elle passe sous nos yeux, que ce soit dans notre vie quotidienne ou au cours d'occasions particulières.

Cependant, cette histoire recèle encore davantage de sens. Les efforts de Rikyū dans ses préparatifs semblent excéder de loin ce que l'on fait habituellement, de nos jours, pour divertir un invité. Dans la cérémonie du thé, la recherche de la beauté est entremêlée à celle de l'hospitalité, et le maître de thé s'engage de tout son cœur dans le processus, allant jusqu'à passer plusieurs jours à préparer un simple événement. Imaginez une personne du XXIe siècle visitant la chambre de thé de Rikyū à la place de Hideyoshi Toyotomi. Nombreux seraient ceux qui prendraient une photo et la posteraient sur n'importe quel réseau social de leur choix, mais sommes-nous vraiment capables d'être présents et de savourer la perception d'une chose à la fois unique et à la beauté remarquable ? Je ne suggère pas ici que nous en soyons totalement incapables, mais nous avons certainement tendance à la laisser passer sans nous en rendre compte. Du moins, l'histoire du maître de thé et du seigneur féodal semble appartenir à un temps révolu, à une époque bien différente de la nôtre.

Okakura continue en commentant l'importance des ustensiles à thé, et le fait que les seigneurs du Japon féodal les estimaient plus précieux que leurs châteaux. Parmi de nombreuses autres choses mentionnées dans le livre, celle-là pourrait passer de prime abord pour une grossière exagération ou pour l'expression d'une étrange extravagance. Mais elle pourrait également être considérée comme un message utile pour nous, les modernes, qui sommes profondément affectés par le consumérisme et le mercantilisme. Si nous utilisions un moins grand nombre d'objets, mais chacun d'entre eux davantage, nous vivrions sans doute dans un monde tout à fait différent. Il va sans dire que cela réduirait considérablement l'ampleur d'une bonne partie des problèmes environnementaux auxquels nous nous efforçons de trouver une solution. Mais les implications vont bien au-delà. À un niveau individuel, cette manière de penser suggère qu'il est possible de mieux profiter des choses que nous utiliserions davantage, ce qui, à son tour, conférerait plus de joie à nos vies quotidiennes.

Cette façon de voir les choses semble certainement rappeler le début du livre. En effet, à propos de l'Ouest, Okakura écrit : « Vous avez pris vos aises au prix de l'absence de tranquillité. »[3] Même si ce commentaire était destiné aux Occidentaux du début du XXe siècle, il pourrait tout autant s'appliquer à nous qui vivons au XXIe siècle. Il semblerait que les choses ne cessent de s'améliorer, du moins c'est ce que notre manière de penser, focalisée sur le progrès, paraît indiquer. Et pourtant, nous semblons également coincés dans un cercle vicieux, qui tourne de plus en plus vite sans avancer le moins du monde. Les difficultés que nous avons à savourer le moment présent, et à profiter des choses simples de la vie, constituent sans doute les plus grandes pertes du monde moderne. La pratique de la cérémonie du thé pourrait-elle nous fournir une approche alternative de l'existence ? Okakura semble le penser. Il existe aujourd'hui des concepts tels que la pleine conscience et la sylvothérapie, mais notre critique d'art japonais de l'ère Meiji avait saisi ces idées bien avant qu'elles soient élaborées et

3. OKAKURA Kakuzō, *op. cit.*, chap. I, p. 92.

énoncées. Voilà sans doute pourquoi ses écrits nous semblent encore si pertinents aujourd'hui.

Cependant, avant d'interpréter ainsi *Le Livre du thé* en détail, toute personne qui le lit pour la première fois devrait, naturellement, commencer par l'apprécier tout simplement. Car sans trop réfléchir, la lecture de la prose d'Okakura est sans aucun doute divertissante en elle-même. Son texte est vibrant et plein de vie. On peut imaginer qu'Okakura l'a écrit avec beaucoup d'excitation, et une bonne partie de son énergie se voit transmise au lecteur. Cette œuvre constitue également un curieux mélange de mysticisme et de laïcité. Elle évoque de nombreux sujets, inspire au lecteur différentes manières de réfléchir, et explore des perspectives rarement présentes dans le répertoire de la pensée occidentale. En d'autres termes, *Le Livre du thé* ouvre des portes. Ou alors, à la place d'une porte, un « nijiriguchi », comme on appelle l'entrée d'une chambre de thé japonaise, constituerait sans doute une meilleure métaphore. Tel un trou carré menant à la chambre de thé, il force tous les visiteurs à s'incliner avant même d'entrer. Ainsi, chacun doit faire preuve d'humilité, quel que soit son rang ou sa position dans la société. De même, le livre d'Okakura demande au lecteur un peu de renoncement. Lisez-le l'esprit fermé, et vous n'en tirerez probablement par grand-chose. Faites-le l'esprit ouvert, et vous risquez fort d'y gagner beaucoup, à mesure qu'il vous ouvrira de nouvelles perspectives. Enfin, il existe encore une autre raison pour laquelle il convient de lire *Le Livre du thé* tout autant aujourd'hui que jadis.

Par rapport à l'époque de la publication du *Livre du thé*, il est devenu beaucoup plus facile de voyager. Pour approcher le Japon, un lecteur curieux du début du XXe siècle ne pouvait sans doute pas faire mieux que d'aller voir un musée ou une exposition d'art ou d'artisanat japonais. Alors qu'un lecteur contemporain peut réserver un billet d'avion et passer une semaine ou deux au Japon sans grande difficulté. Certes, le Japon actuel est très différent de celui de l'époque d'Okakura, mais le pays a conservé son essence de bien des manières. En outre, certains domaines ont connu de nettes améliorations et évolutions depuis l'ère Meiji. Concernant le thé vert japonais, en particulier, il s'est passé beaucoup de choses depuis une vingtaine d'années. En réalité, ce genre n'a jamais été aussi diversifié qu'aujourd'hui, allant du thé de luxe à origine unique aux versions toutes simples en bouteilles. Et il est devenu également beaucoup plus facile de se procurer du thé de qualité. Avec la technologie du début du XXe siècle, on se doute que la qualité du thé transporté outre-mer par bateau n'était tout simplement pas à la hauteur de l'expertise extrêmement pointue d'Okakura. En ce sens, nous sommes bien plus à même que ses lecteurs contemporains de comprendre ce qu'il voulait dire. Comme l'avaient prédit Okakura et tant d'autres, le Japon a subi un processus de modernisation, mais le thé a survécu et forme encore une part intégrante de la société et la culture japonaises. Il reste également un élément crucial pour comprendre ses traditions ainsi que sa société moderne. Il semble qu'un nombre de plus en plus grand d'étrangers adoptent l'habitude quotidienne de boire du thé japonais.

Okakura écrit : « N'est-il pas étrange que l'humanité se soit retrouvée autour d'une tasse de thé ? C'est le seul cérémonial asiatique qui rencontre une estime universelle. »[4] Nous pourrions avoir tendance à penser que sur ce point, Okakura exagère. Qu'en dehors du thé, il existe forcément de nombreux autres arts et traditions asiatiques qui ont attiré les Occidentaux, à la fois avant et après l'apparition du thé. Mais à la lumière du contexte

4. OKAKURA Kakuzō, *op. cit.*, chap. I, p. 92.

de l'écriture du livre à l'époque du colonialisme et de l'impérialisme, nous comprenons mieux son argument. De nos jours, la globalisation semble nous rapprocher de plus en plus. On peut donc affirmer que le besoin de compréhension mutuelle devient plus essentiel que jamais. Par conséquent, le thé, et la culture qui l'entoure, peuvent encore avoir un grand rôle à jouer. En ce sens, *Le Livre du thé* est tout à fait pertinent. Okakura affirme que les incompréhensions entre l'Est et l'Ouest ont fait beaucoup de mal, et même que certains conflits sanglants auraient pu être évités si nous nous comprenions davantage les uns les autres. Ainsi, son ouvrage peut également être perçu comme un message ou un plaidoyer pour la paix. Et c'est là que réside l'aspect le plus positif et le plus encourageant de ce classique. Même s'il déplore la perte des traditions et regrette l'absence d'appréciation appropriée du beau dans l'imparfait, ce livre peut tout à fait être interprété dans son ensemble comme un message positif. Un monde meilleur est possible, et ce qui est encore mieux, c'est qu'il commence par quelque chose d'aussi simple qu'une tasse de thé. Comme il nous permet d'entrevoir un futur plus harmonieux, le thé constitue un excellent point de départ. Comme l'écrit Okakura lui-même à propos de la chambre de thé japonaise, « Peut-être vous trouvez-vous en plein cœur d'une ville, mais ici vous avez la sensation d'être dans une forêt, bien loin du bruit et de la fureur de la civilisation. »[5] Bref, une tasse d'humanité, simple mais délicieuse et tout à fait inspirante. Et, sans doute, plus pertinente que jamais.

Per Oscar Brekell
Spécialiste diplômé du thé japonais

5. OKAKURA Kakuzō, *op. cit.*, chap. IV, pp. 141-142.

INTRODUCTION

Savourer *Le Livre du thé*

1. Lire *Le Livre du thé*

Le Livre du thé, le célèbre ouvrage de Kakuzō Okakura (dit aussi Tenshin Okakura) est une lecture incontournable pour les amateurs de thé qui veulent en apprendre plus sur le Japon. Son premier chapitre, « La coupe de l'humanité », traite spécifiquement de la manière dont l'esprit du thé a eu une influence prépondérante sur la culture japonaise :

> Notre foyer et notre quotidien, nos vêtements et notre cuisine, notre porcelaine, les objets laqués, la peinture – et même notre littérature – en ont tous subi l'influence. Nulle personne étudiant la culture japonaise ne peut l'ignorer.[6]

---

6. OKAKURA Kakuzō, *op. cit.*, chap. I, p. 86.

Cette proximité du thé ne se limite pas à la culture spirituelle du Japon. Okakura ne manque pas de souligner la proximité de l'esprit du thé avec toutes les pièces de la philosophie et de la pensée asiatiques, le taoïsme, le confucianisme, le bouddhisme ou le zen :

> Dans l'ambre liquide contenu dans la tasse de porcelaine couleur ivoire, l'initié pourra goûter à la douce réserve de Confucius, au piquant de Lao Tseu, à l'arôme éthéré de Shakyamuni.[7]

Les buveurs de thé considèrent le thé comme un symbole de la totalité des choses de l'univers, et au moment de boire du thé, ils lèvent leur bol vers le haut avec les deux mains, baissent la tête et se prosternent. La nature est placée au-dessus et l'humain en dessous. Signe manifeste du sens des positions respectives de l'homme et de la nature. L'esprit étant invisible, dans la cérémonie du thé, c'est au corps d'exprimer sa pensée. Ensuite, nous buvons le thé, autrement dit nous absorbons dans notre corps la totalité cosmique et la nature elle-même. La totalité de l'univers dont je viens

7. Okakura Kakuzō, *op. cit.*, chap. I, p. 87.

de parler et le « moi » ne font plus qu'un. Ne faisant plus qu'un avec la nature, nous nous élevons avec elle. C'est un geste tout simple, à la portée de tous, et si vous buvez du thé de cette manière, vous sentirez la pensée fondamentale du bouddhisme, du taoïsme et du confucianisme s'intégrer en vous à travers ce simple bol de thé.

Okakura décrit la cérémonie du thé comme étant « l'art de la vie »[8]. À la question que chacun d'entre nous se pose, celle de savoir comment vivre entre notre naissance et notre mort, il explique que la réponse est condensée et exprimée dans la cérémonie du thé. De plus, il n'est pas nécessaire d'être réellement un adepte de la cérémonie du thé. Le simple fait de se demander, l'espace d'un instant : « Dans quel bol vais-je servir mes invités aujourd'hui ? », c'est déjà partager en essence la philosophie de la cérémonie du thé. Par conséquent, ce livre nous apprend que tout le monde peut partager la philosophie de la cérémonie du thé, que dans ce sens, la cérémonie du thé est un trait qui fait partie du patrimoine humain.

8. OKAKURA Kakuzō, *op. cit.*, chap. I, p. 88.

Il n'y a absolument rien de difficile là-dedans. Au contraire, c'est extrêmement simple. Il y a cinq cents ans, les Japonais ont compris qu'il était possible de réaliser l'unité avec la vérité de l'univers par le geste quotidien de boire une tasse de thé, sans avoir à faire quoi que ce soit de spécial, sans avoir besoin de lire des livres difficiles, sans fréquenter un temple ou se couper du monde et vivre en solitaire au plus profond des montagnes pour suivre un entraînement ascétique rigoureux. Cela est clairement expliqué au début du *Livre du thé* :

> Au commencement, le thé était un médicament ; puis il est devenu un breuvage. En Chine, au VIIIe siècle, il a été admis dans le monde de la poésie en tant qu'élégante distraction. C'est au XVe siècle que le Japon l'a érigé en véritable religion esthétique, religion que nous appellerons : « théisme ».[9]

Les Japonais ont longuement réfléchi à l'acte quotidien de boire une tasse de thé – où le boire, dans quel récipient, comment le préparer, quel thé utiliser et comment le produire – et ont poursuivi

9. OKAKURA Kakuzō, *op. cit.*, chap. I, p. 85.

cette réflexion jusqu'à créer la « cérémonie du thé ». Il n'y a que les humains pour mener ce type de réflexion. Et puisque le destin nous a fait naître humains, le mieux que nous puissions tirer de cette vie n'est-il pas justement de réfléchir à la meilleure façon de vivre en humains ? Comme le symbolise le titre du premier chapitre, « La coupe de l'humanité », une coupe de thé, pour peu que nous la buvions en conscience, peut nous faire découvrir notre vraie nature, notre humanité. Ce livre est une façon de partager cette sagesse.

Okakura emploie le mot « religion » pour parler de la voie du thé, mais poursuit en disant que :

> La philosophie du thé ne doit pas être appréhendée comme une simple esthétique ordinaire, car elle se combine tout à la fois à l'éthique et à la religion afin d'envisager l'homme et la nature.[10]

Au cours d'une conférence intitulée « Religions in East Asiatic Art » au Museum of Fine Arts de Boston en 1911, Okakura a déclaré que le mot « religion » était utilisé en Orient dans un sens

10. Okakura Kakuzō, *op. cit.*, chap. I, p. 86.

étendu pour désigner une conviction puissante qui transcende le sens commun. Le terme « théisme » qu'il emploie dans le livre est une invention de l'auteur. Je suppose que l'invention d'un mot en -isme est une façon pour Okakura d'évoquer le système de croyances que les Japonais ont développé à travers le thé. Je pense également que ce qu'il appelle « esthétique » n'est pas seulement une foi dans la beauté, mais traduit une façon d'être des humains vis-à-vis de la nature. À ce titre, il vaut pour la notion de « vérité ».

Présenté ainsi, on pourrait croire qu'Okakura parle ici d'un esprit supérieur déconnecté de la vie quotidienne, mais au contraire, il insiste fortement sur le fait que le « théisme » a spécifiquement sa place dans notre vie de tous les jours.

> Le théisme est un culte fondé sur l'adoration du beau parmi les faits sordides de la vie quotidienne.[11]

C'est dans ce sens que les maîtres de thé vivent en essayant de régler leur vie quotidienne.

---

11. Okakura Kakuzō, *op. cit.*, chap. I, p. 85.

> Aussi grande qu'ait été l'influence des maîtres de thé dans le domaine de l'art, elle n'est rien comparée à celle qu'ils ont exercée sur la conduite de la vie.[12]

Concrètement, quand on voit quelque chose de beau dans sa vie de tous les jours, et que l'on y reconnaît une parcelle de vérité, il s'agit de ne pas regarder cela passer sans le saisir, et d'en profiter pour faire ce que l'on croit bien. Peut-être avez-vous entendu parler des *gāthā* des sept bouddhas. Il s'agit de la somme versifiée de l'enseignement commun aux sept bouddhas du passé jusqu'à Shakyamuni, le bouddha actuel, qui revêt une importance considérable dans le bouddhisme zen. Certains vers de ces *gāthā* sont parfois calligraphiés sur un rouleau et exposés dans le *tokonoma* lors d'une cérémonie du thé. Le point de départ de cet enseignement est : « Abstiens-toi de faire le mal, efforce-toi de faire le bien ». Rien de plus simple, semble-t-il. Mais sur la question de la simplicité, on raconte un épisode de la vie de Rikyū (1522-1591), le maître de thé dont il est spécifiquement question dans le chapitre VII du *Livre du thé*. Rikyū fut un jour questionné par l'un de ses

12. OKAKURA Kakuzō, *op. cit.*, chap. VII, pp. 186-187.

disciples : « Quelle est l'essence de la cérémonie du thé ? » À quoi Rikyū répondit : « Placer le charbon de bois de façon à ce que l'eau boue, préparer le thé juste comme il faut, accueillir ses invités en gardant la pièce fraîche en été, chaude en hiver ». Le disciple, qui s'attendait à une leçon un peu plus profonde de la part du maître, fut déçu et demanda si c'était aussi simple que cela. Rikyū répondit : « Si tu parviens à faire cette chose si simple, alors je me ferai ton disciple ». La vérité réside dans les choses simples de la vie quotidienne.

Par l'acte absolument banal de boire du thé, d'apprécier la beauté d'une fleur, la joie de boire du thé dans une tasse bien faite, c'est déjà vivre la voie du thé. Le « théisme » est un mode de vie qui n'opère aucune séparation entre la vie quotidienne et la culture esthétique. En effet, si les êtres humains font partie de la nature, leur existence même possède déjà la pureté et la beauté de la nature. Oui, tout cela est extrêmement simple, à la portée de chacun d'entre nous.

En outre, Okakura fait un abondant usage du mot « compréhension ». Par exemple, un thé produit dans un pays étranger procure la joie de partager quelque chose avec des peuples ayant d'autres modes de vie. C'est ce partage par le thé qu'Okakura appelle « compréhension ».

> Empêchons donc les continents de continuer à se couvrir ainsi d'épigrammes, et soyons plus attristés, si ce n'est assagis, du gain mutuel d'un demi-hémisphère. Nous nous sommes développés dans des directions différentes, mais aucune raison ne nous interdit de nous compléter.[13]

La « compréhension », c'est le pas en avant supplémentaire qui nous permet, non pas de tracer la ligne de la différence qui nous sépare, mais de faire le choix de l'harmonie que cette différence engendre. Sans y insister lourdement, il nous encourage à laisser la critique systématique pour la douceur, et de boire un bol de thé chaud qui réveille le corps et l'esprit, et nous apportera une délicieuse fraîcheur de sentiment. Non pas nous battre pour la richesse ou le pouvoir, pour la conquête et la soumission des autres, mais rechercher le développement harmonieux et choisi des uns avec les autres.

13. OKAKURA Kakuzō, *op. cit.*, chap. I, p. 92.

Cela ne concerne pas seulement les humains entre eux, mais aussi bien le rapport de l'humain à la nature. Comme la lecture du chapitre VI, « Les fleurs », nous le fait ressentir au plus profond de nous, le vrai progrès ne consiste pas à tirer profit de la nature au prix de sa destruction, mais à établir un rapport de respect avec elle.

En ce qui me concerne, l'une des raisons pour lesquelles j'étudie la cérémonie du thé est que celle-ci me fait prendre conscience des alternatives à mes idées préconçues, à mes préjugés sur ce que les choses sont censées être. Quatre mots décrivent l'esprit fondamental de la cérémonie du thé : *wa*, *kei*, *sei*, *sabi*. Le *sabi* exprime un esprit paisible et en ordre, clair et propre – autrement dit la nature humaine elle-même – qui respecte les autres et recherche à produire une harmonie avec eux. C'est l'état d'esprit de faire de soi-même un réceptacle, un « récipient » qui s'harmonise avec les autres et se tient prêt à progresser avec les autres. Pour de plus amples détails, je vous invite à lire le chapitre IV « La chambre de thé ».

Ce livre a été rédigé il y a environ cent vingt ans. Okakura a écrit à la fin du premier chapitre qu'il attendait en savourant « une gorgée de thé »[14] le moment où ceux qui erraient dans les ténèbres de l'intérêt personnel s'éveilleraient au trésor véritable de la vie. Il déclare aussi dans son style inimitable :

> Comme nous resterions barbares, si notre titre de civilisation n'était lié qu'à la vaine gloire militaire ! Comme nous attendons le moment où notre art et nos idéaux recevront enfin tout le respect qu'ils méritent ![15]

Sommes-nous, plus de cent ans plus tard, un tant soit peu plus proches de cet idéal que nos prédécesseurs ? Oh, bien sûr… Mais je vais tout de même reprendre un thé. Et même savourer ce livre comme s'il s'agissait d'un thé préparé par Okakura.

J'avais une vingtaine d'années quand j'ai commencé à étudier la cérémonie du thé et j'ai été admise à la pratique du zen dans l'une des pagodes du temple Daitoku-ji, qui se trouve être un temple important dans la vie de Rikyū. Plus tard, je me suis formée en tant qu'apprentie dans la maison d'un maître de cérémonie du thé, puis j'ai participé à des cours de

14. OKAKURA Kakuzō, *op. cit.*, chap. I, p. 99.
15. OKAKURA Kakuzō, *op. cit.*, chap. I, p. 88.

cérémonie du thé, pour enseigner aux générations suivantes et j'ai poursuivi pendant plus de vingt ans des recherches à l'université sur l'histoire de la culture japonaise liée au thé. En tant que maître de thé et chercheuse en culture japonaise, je suis très honorée de pouvoir vous présenter ce livre. Je tiens également à exprimer ma gratitude à ceux qui ont pris ce livre entre leurs mains. C'est avec vous tous dans mes pensées que je laisse avancer mon pinceau.

2. Kakuzō Okakura et le concept du *Livre du thé*

KAKUZŌ OKAKURA

Kakuzō Okakura est né en 1863 d'un père commerçant en import-export, ce qui lui donna l'occasion de se familiariser avec l'anglais dès son plus jeune âge. Ayant perdu sa mère à l'âge de neuf ans, il fut envoyé dans un temple au remariage de son père un an plus tard, pour étudier la pensée chinoise directement dans les livres chinois. Enfant prodige – on dit de lui qu'il dépassait dès cette époque les capacités de son professeur – il fut admis à l'âge de 14 ans à la Tokyo Kaisei Gakkō (l'actuelle université de Tokyo) où il fit la connaissance du philosophe Ernest Fenollosa (1853-1908), de l'université de Harvard, invité au Japon comme conférencier.

Dans un contexte de dépréciation de la culture japonaise ancienne au profit de la civilisation occidentale, Fenollosa sut percevoir la valeur de l'art traditionnel japonais et a œuvré pour le protéger. En tant qu'interprète et assistant, Okakura l'accompagnait à travers le Japon dans ses enquêtes sur les chefs-d'œuvre artistiques, et on pense qu'il a été fortement influencé par sa philosophie et son esthétique.

Plus tard, avec Fenollosa, il participa à la fondation de l'école des beaux-arts de Tokyo (aujourd'hui l'université des arts de Tokyo) et en fut nommé directeur à l'âge de 29 ans. En 1904, Okakura est recruté par le département d'art chinois et japonais du Museum of Fine Arts de Boston, dont il devient finalement chef du département asiatique. Le jardin sec dans l'enceinte de l'actuel Museum of Fine Arts de Boston s'appelle le Tenshin-en en hommage à Okakura.

C'est autour de cette époque qu'Okakura se concentre sur l'écriture : en 1903, il publie *Les Idéaux de l'Orient*, en 1904, *Le Réveil du Japon* et en 1906, *Le Livre du thé*, livres qu'il écrit directement en anglais. *Le Livre du thé*, dernier ouvrage publié de son vivant, est son livre le plus traduit et le plus lu. Le fait qu'il soit écrit en anglais signifie qu'il n'a pas été écrit pour un public japonais, mais destiné dès sa conception à être lu par les étrangers.

LE LIVRE DU THÉ

Dès le premier chapitre, intitulé « La coupe de l'humanité », Okakura présente la voie du thé comme un moyen de se comprendre soi-même. Il montre en quoi, cet esprit étant de fait présent dans le *Five o'clock tea*, le thé est la parfaite cheville pour harmoniser le monde oriental et le monde occidental.

« Les écoles de thé », le deuxième chapitre, raconte l'histoire du thé au Japon par la description des trois vagues successives par lesquelles le thé fut introduit : thé bouilli de la dynastie Tang (618-907), thé fouetté de la dynastie Song (960-1297), thé infusé de la dynastie Ming (1368-1644). Il présente également la cérémonie du thé formalisée plus tard comme le point suprême vers lequel tend virtuellement l'idéal du thé dès l'origine.

Dans le troisième chapitre, « Taoïsme et zen », Okakura relie les origines philosophiques de la cérémonie du thé à ses racines dans le taoïsme et le zen. Comme je l'ai précisé plus haut, « théisme » est un mot forgé par Okakura. Quelle nécessité d'inventer un mot nouveau ? À l'époque, le mot japonais *sadō* était généralement traduit en anglais par « tea ceremony », ce qui ne faisait pas apparaître son développement sur la base du taoïsme ou du zen. Or, comme l'explique Okakura, l'idéal du théisme vise à « penser le sublime dans les actes triviaux de la vie », qui vient de la philosophie du zen. Et de son côté, le zen est essentiellement une emphase des enseignements du taoïsme. C'est sur cette base que le théisme repose.

« La chambre de thé », qui forme le quatrième chapitre, traite de la conscience spatiale développée par la cérémonie du thé, et montre comment la philosophie de la cérémonie du thé est mise en pratique concrètement à travers la conception de la chambre de thé. Celle-ci illustre l'idée qui consiste à rendre visible des choses que l'on ne peut pas voir ou ressentir, qui nécessitent une pleine conscience pour devenir perceptibles, selon la philosophie orientale du vide ou *mu*. La vision orientale de la nature s'exprime également par les notions de déséquilibre et d'imperfection. Certains architectes, comme l'Américain Frank Lloyd Wright (1867-1959), ont dit avoir été saisis à la lecture de ce chapitre.

Dans le cinquième chapitre, « Le sens de l'art », Okakura pointe l'idée que l'art demande de se trouver en résonance mentale avec le spectateur pour être vraiment complet. Ce sont nos émotions qui mettent les couleurs sur le tableau peint dans notre esprit.

> Notre esprit est la toile sur laquelle les artistes déposent leurs couleurs ; leurs pigments sont nos émotions.[16]

De même, ce n'est que parce que nous, lecteurs, existons, que le contenu du livre parvient lui-même à l'existence. Il explique également que pour recevoir un objet d'art, il faut être capable de l'apprécier. En d'autres termes, il nous est demandé jusqu'où nous sommes allés sur la voie.

Le sixième chapitre, intitulé « Les fleurs », traite de la relation entre les humains et la nature telle qu'on peut la pratiquer avec les fleurs. Je me sens parfaitement en accord avec cette idée que le moi (humain) ne fait qu'un avec la nature. Si, récemment, la notion d'objectifs de développement

16. OKAKURA Kakuzō, *op. cit.*, chap. V, p. 157.

durable a été formalisée, il me semble qu'il y a quelque chose à apprendre dans le fait que les maîtres de thé utilisent les fleurs, et de fait les coupent et les disposent de façon décorative, tout en décrivant depuis des siècles cette pratique par le mot *ikasu*, qui signifie « faire vivre ».

Le septième et dernier chapitre, « Les maîtres de thé », referme le livre sur la fin du maître de thé Sen no Rikyū, qui vécut sa mort en conscience. Les êtres humains sont mortels. La question est donc de savoir comment mourir, et comment nous vivrons jusqu'à ce dernier instant. Okakura dit que seuls ceux qui auront vécu dans la beauté pourront mourir dans la beauté. Présentant en anglais le poème que Sen no Rikyū a laissé à sa mort, Okakura écrit que l'épée s'est « ouvert [sa] voie » « à travers Bouddha et à travers Bodhidharma »[17]. En japonais, le mot employé est *korosu*, qui signifie proprement « tuer ». Une expression extrêmement directe et violente, mais qui délivre un puissant enseignement, dans le sens où il s'agit donc de ne pas demeurer dans le territoire de nos prédécesseurs, mais de toujours vivre au-delà.

17. Okakura Kakuzō, *op. cit.*, chap. V, p. 190.

Ce livre n'est pas seulement un livre à lire pour en être ému, mais aussi un message qui doit nous servir de tremplin pour aller un peu plus haut. En ce sens, ce livre est certainement un message qui nous dévoile quelque chose sur nous-mêmes.

LE LIVRE DU THÉ EN SON TEMPS

Depuis le début du XVIIe siècle, jusqu'au deuxième tiers du XIXe, le Japon a vécu en état « d'isolation nationale », strictement coupé de tout échange avec la civilisation occidentale. En 1868, la restauration de Meiji a fait passer le pays d'une société féodale régie par les samouraïs à une monarchie constitutionnelle avec à sa tête un empereur. Dans le même mouvement, la civilisation occidentale a été activement introduite et la modernisation encouragée, « modernisation » étant à cette époque synonyme d'« occidentalisation ». Néanmoins, la Constitution de l'empire du Japon, première constitution moderne en Asie orientale, n'a été promulguée qu'en 1889, et pour les nations occidentales, le Japon était encore considéré comme un pays non-civilisé.

En 1906, lorsque *Le Livre du thé* a été publié, la nouvelle de la fin de la guerre russo-japonaise venait de tomber. La victoire du Japon, un petit pays d'Extrême-Orient, sur la grande puissance russe suscitait soudain l'intérêt du monde occidental pour le Japon. Okakura décrit cela de manière satirique.

> Ceux qui ne savent apprécier la petitesse des grandes choses passent à côté de la grandeur des petites choses. Le quidam occidental, confit dans sa superficialité, ne verra dans la cérémonie du thé qu'une énième étrangeté de cet Extrême-Orient qu'il juge charmant mais puéril. Le Japon représentait pour lui une civilisation barbare, tant qu'on y pratiquait les arts aimables de la paix ; depuis que l'armée a commis des massacres de masse sur les champs de bataille en Mandchourie, il considère le pays comme civilisé. Le fameux code d'honneur des samouraïs a récemment fait beaucoup parler – cet art de la mort qui offre à nos soldats un exutoire auquel se sacrifier ; pourtant, peu de gens évoquent le théisme, qui incarne si bien notre art de la vie.[18]

Procédé rhétorique par lequel, grâce à une réflexion sincère et critique sur soi, il invite son interlocuteur à reconnaître la valeur de l'autre.

18. OKAKURA Kakuzō, *op. cit.*, chap. I, p. 88.

En 1900, *Bushidō, l'âme du Japon*, du penseur Inazō Nitobe (1862-1933) fut publié à New York. Le livre a rapidement été traduit en allemand, polonais, français, norvégien, hongrois, russe et italien, et on peut dire qu'il a façonné l'image du Japon dans les pays occidentaux. Le livre de Nitobe oppose la philosophie occidentale à l'éthique, aux codes moraux et aux normes de valeurs de la classe des samouraïs de la société féodale des débuts de la période moderne supposés être la base de la vision morale japonaise. Cependant, pour Okakura, le *bushidō* se concentre sur « l'art de la mort » et limiter l'éthique japonaise au *bushidō* est une faute. Il convient de compléter le portrait par « l'art de la vie », à savoir la voie du thé, qui enseigne comment vivre jusqu'au moment de faire face à la mort. Il voulait montrer que le mode de vie véhiculé par la voie du thé – pureté et harmonie, compassion pour les autres et respect de l'ordre social – est une philosophie que tous les humains des âges modernes devraient considérer comme leur socle commun.

L'un des plus proches disciples d'Okakura était le peintre Taikan Yokoyama (1868-1958). Il affirmait que, sans Okakura, il ne serait pas là où il est arrivé aujourd'hui et que la peinture japonaise n'aurait jamais connu le développement qu'elle avait connu. Taikan Yokoyama dira plus tard d'Okakura, dans son autobiographie *Autobiographie de Taikan*: « C'était un artiste sans pinceau, un professeur d'art et un professeur d'artistes »[19]. Il rappelait dans *Propos sur la peinture*[20] que l'enseignement d'Okakura était assez ardu : « Il fallait être intelligent pour comprendre ce qu'il disait. » Il relate encore un épisode qui se produisit à Boston, où Taikan Yokoyama accompagnait Okakura. Un Américain aborde Okakura en lui demandant : « Quelle sorte de « *nese* » êtes-vous ? *Chinese*, *Japanese* ou *Javanese* ? [Des Chinois, des Japonais ou des Javanais ?] » Ce à quoi Okakura répondit : « Nous sommes des gentlemen du Japon. Et vous, quel genre de « *key* » êtes-vous ? Un *Yankee*, un *donkey* ou un *monkey* ? [Un Yankee, un âne ou un singe ?] »

Par son style souvent empreint d'humour, de jeux de mots ou d'expressions poétiques, Okakura

---

19. YOKOYAMA Taikan, 大観自伝 (Autobiographie de Taikan), Kodansha Gakujutsu Bunko, 1981.
20. YOKOYAMA Taikan, 画談 (Propos sur la peinture), Kodansha, 1968.

cherche à transmettre les choses importantes qui se cachent derrière les mots. Si son livre a été traduit et lu dans tant de langues et de pays depuis plus d'un siècle, c'est que son style écrit est porteur d'idées universelles.

POURQUOI LE THÉ ?

Bien qu'il s'intitule *Le Livre du thé*, le livre d'Okakura n'est en aucune façon un livre de présentation du thé lui-même. Rien sur l'agronomie, la production, les variétés ou les usages du thé. Rien non plus qui le rapproche d'un manuel de cérémonie du thé.

Bien qu'Okakura n'ait pas révélé les détails de la genèse de ce livre, il est probable qu'il ait été inspiré par une intervention que lui-même avait donnée, intitulée « Le problème de la modernité en peinture », dans le cadre de la Conférence académique mondiale de la Louisiana Purchase Exposition, aux États-Unis, en 1904. Okakura y déclarait que « l'observateur doit trouver spontanément sa place dans les parties du fond laissées délibérément vides par l'artiste. Dans ce sens, il est important qu'existe chez l'observateur une capacité d'empathie. » Il expliquait alors qu'au

Japon, la cérémonie du thé était largement pratiquée comme une tentative sérieuse de perfectionner l'art de l'empathie. Okakura ne s'étant jamais considéré comme un maître de thé, il ne s'agissait pas pour lui d'une introduction à la cérémonie du thé, mais d'expliquer que celle-ci est une pratique qui conduit à une meilleure appréciation de l'art. C'était cette attitude de vie qu'Okakura voulait présenter.

Lorsque je présente *Le Livre du thé* à mes étudiants à l'université, je leur dis, après avoir examiné le contexte de son écriture : « Lisez d'abord le premier chapitre, et trouvez une phrase que vous aimez, la phrase qui vous attire et vous intéresse le plus. À partir de là, vous pouvez lire les chapitres suivants comme vous le souhaitez ». En effet, bien que le livre traite de la culture spirituelle japonaise et du thé en particulier, je pense que le livre d'Okakura ne se limite pas à cela et peut être lu sous différents angles.

Dans la section suivante, j'aimerais expliquer certains mots-clés de la lecture de ce livre, tels le mot « imperfection », dans la perspective de l'esprit de la cérémonie du thé. Et bien que cela se fasse sur le papier, j'aimerais parler du livre d'Okakura comme si je vous faisais partager l'expérience de la cérémonie du thé.

3. Mieux comprendre *Le Livre du thé*

Okakura avait déjà remarqué dans son livre *Les Idéaux de l'Orient* que l'une des caractéristiques de la culture japonaise est d'embrasser le nouveau sans perdre l'ancien, d'où l'idée que « le Japon est le musée de l'Asie. ». De même, Guan Jianping, chercheur sur la culture du thé en Chine, souligne ainsi les différences entre la culture chinoise et japonaise du thé : en Chine, à chaque changement de dynastie, la culture du thé de la génération précédente disparaissait dans le processus de réformes et une nouvelle était créée à sa place, tandis que le Japon a toujours conservé ses traditions, même si chaque époque apportait certaines améliorations.[21]

Au Japon, suite à l'introduction du zen et du thé vert en poudre *matcha* en provenance de Chine au début du XIIe siècle, la culture du thé s'est développée au sein de la société des samouraïs de la période

---

21. Cité dans KUMAKURA Isao et KENPEI Seki, 岡倉天心『茶の本』の研究 (Étude sur *Le Livre du thé* de Tenshin Okakura), Miyaobi Shuppansha, 2020.

Muromachi (1336-1573), et c'est au cours de la période des guerres locales perpétuelles de la fin du XVe à la fin du XVIe siècle – connue sous le nom de Sengoku ou époque des provinces en guerre –, que des maîtres de thé tels que Sen no Rikyū ont commencé à apparaître et ont laissé une empreinte durable. Rikyū était lui-même issu d'une famille de marchands, mais à l'époque, ceux qui s'adonnaient à la voie du thé étaient principalement des samouraïs, des nobles de la cour ou des personnes fortunées.

Au milieu de la période qui suivit, dite époque d'Edo (1603-1868), la paix se maintint pendant près de trois cents ans, donnant l'opportunité à des gens ordinaires de s'enrichir et permettant la pratique de la voie du thé de se répandre dans la population. L'augmentation de la production nationale de thé, qui pouvait désormais être distribué dans tout le pays, est certainement un autre facteur qui a favorisé cette évolution. Jusque-là, à moins de participer à une cérémonie du thé au sens strict, les gens du peuple buvaient principalement du thé bouilli dans une bouilloire à partir de thés de qualité inférieure.

Dans la seconde moitié de l'époque d'Edo, c'est-à-dire à la fin du XVIIIe siècle, un style de préparation du thé à la mode en Chine à cette époque fut introduit au Japon : les feuilles de thé sont placées dans une théière, de l'eau chaude est versée par-dessus et l'on boit le liquide infusé. C'est toujours la manière actuelle de boire du *sencha*. La méthode d'infusion du *sencha* a été affinée en tenant compte de la cérémonie du thé dans sa version traditionnelle, et un nouveau style de culture du thé, connu sous le nom de *senchadō* ou « la voie du thé *sencha* », s'est développé au Japon. Autrement dit, il existe actuellement deux grands types de cérémonie du thé, les cérémonies avec *matcha* et avec *sencha*, bien que le terme « cérémonie du thé » fasse généralement référence à celle du *matcha*.

À aborder l'histoire de cette manière, on peut croire que la philosophie de la voie du thé s'est transmise au Japon de manière continue depuis le XIIe siècle et a influencé de larges aspects de l'architecture, de la céramique, de l'art et des modes de vie japonais. Or, elle n'est pas non plus sans rapport avec le respect empreint de crainte envers la nature que les Japonais éprouvent depuis des temps bien plus reculés, ni avec la très ancienne notion japonaise qui reconnaît la manifestation du divin dans tous les phénomènes de la forêt.

De même, le concept d'impermanence selon lequel tous les êtres et tous les phénomènes ne durent pas mais changent, le monde de l'homme étant lui aussi toujours éphémère et transitoire, ce concept appartient à la conscience collective au moins depuis l'introduction du bouddhisme au VIe siècle. C'est donc bien liée à la culture japonaise ancienne que l'attitude propice au développement de la voie du thé a fleuri. C'est dans ce sens qu'Okakura déclare que ceux qui veulent étudier le Japon ne peuvent pas se permettre d'ignorer la voie du thé.

C'est donc à juste titre qu'il dit que la voie du thé est un musée de la culture japonaise. Afin d'approfondir votre compréhension de la voie du thé telle qu'elle est décrite dans *Le Livre du thé*, je voudrais étudier avec vous trois mots-clés : l'imparfait, le naturel et la simplicité, du point de vue d'une praticienne de la voie du thé.

L'IMPARFAIT

Dès la première page du *Livre du thé*, vous serez peut-être interpellé par ce mot : « l'imparfait ». Il s'agit probablement de la traduction du mot japonais pour exprimer la notion de *wabi*, qui désigne une valeur importante dans la voie du thé. À l'origine, le mot *wabi* était utilisé dans les temps anciens avec un sens négatif de manque, comme dans : « Je suis triste parce que quelque chose me manque » ou « Je suis triste parce que les choses ne sont pas comme je voudrais qu'elles soient. » Peu à peu, cependant, un système de valeurs a émergé dans lequel le manque est devenu un concept esthétique plus élevé que le contentement et l'abondance. Dans le *Tsurezure-gusa* de Kenkō Yoshida, écrit dans la première moitié du XIVe siècle, on trouve :

> N'admire-t-on les fleurs qu'épanouies et la lune qu'immaculée ? Devant la pluie tombante se languir de la lune, ignorer, stores clos, le passage du printemps, cela même suscite une tendre émotion. En un jeune rameau sur le point de fleurir, en un jardin jonché de pétales flétris, que de spectacles admirables ![22]

Il y a bien plus de choses à apprécier lorsque la lune se laisse seulement imaginer derrière la pluie,

---

22. YOSHIDA Kenkō, dit URABE Kenkō, *Les Heures oisives*, Paris, Gallimard, 1987, traduction de Charles Grosbois et de Tomiko Yoshida, chap. CXXXVII, p. 116.

quand la cime des cerisiers est sur le point de fleurir, ou dans un jardin ou les pétales des cerisiers sont éparpillés et ratatinés sur le sol. En effet, c'est être plus homme que de profiter de cette capacité au fond de nous de fixer notre réflexion sur la beauté de la pleine lune et de la pleine floraison d'un cerisier, parce que nous la connaissons, quand bien même celle-ci n'est pas ou plus visible.

Eisai (1141-1215), le fondateur du zen japonais, qui apparaît au chapitre II, a écrit dans le préambule de son *Kōzen gokoku ron* :

> Qu'il est grand, le Cœur ! Le sommet du ciel est inaccessible, et le Cœur vient pourtant d'au-dessus du ciel.[23]

À l'époque Muromachi (1336-1573), le terme *wabi* a poursuivi son évolution, a pris un sens positif, intégrant comme une qualité esthétique le fait d'accepter l'état des choses qui ne sont pas comme nous le souhaitons et d'essayer plutôt activement de profiter de ce « non-être ». Présenté dans

23. MARSONE Pierre, *Aux Origines du Zen : Édition bilingue, commentée et annotée du* Kōzen gokoku ron *de Eisai (1143-1215)*, Paris, Éditions You-feng, 2002, p. 41.

Le Livre du thé, le poème composé par Fujiwara no Teika (1162-1241) parle d'un jardin. L'histoire dit que le maître de Rikyū, Shō-ō (1502-1555) considérait que ce poème transmettait l'esprit de la voie du thé.

Je regarde au-delà ;
Aucunes fleurs alentour
Ni de feuilles colorées.
Au bord de la mer
Une maison isolée
Dans la lumière vacillante
D'un soir d'automne.[24]

Le point important est que nous connaissons la beauté des fleurs et des feuilles colorées de l'automne. Or, ici, la perfection de cette beauté, nous pouvons l'évoquer, alors même qu'elle a disparu à nos yeux. Dans la lumière d'un soir d'automne, c'est cette émotion qui nous étreint, avant même la beauté. La beauté d'un cerisier en pleine floraison, ou celle des couleurs chatoyantes des feuilles d'automne ne pose de difficulté à personne, alors que pour voir cette beauté, là où objectivement

24. OKAKURA Kakuzō, *op. cit.*, chap. IV, p. 142.

elle n'est pas, on a besoin de capacité d'imagination. En d'autres mots, l'imperfection, en n'atteignant pas la beauté complète, ne manque pas, mais au contraire ajoute une dimension supplémentaire au domaine de la beauté parfaite où œuvre notre conscience esthétique.

En outre, une tradition peut-être apocryphe consignée dans le *Nanpōroku*, rapporte que Sen no Rikyū demandait à ses disciples de méditer le *waka* suivant, de Fujiwara no Ietaka (1158-1237) :

> À ceux qui n'aiment que les fleurs
> J'aimerais dévoiler le printemps
> Qui frémit dans les pousses en travail
> Sur les collines couvertes de neige.[25]

De minuscules pousses vertes émergent de la neige après l'hiver. Quelles fleurs en sortira-t-il ? De quelle couleur seront-elles ? C'est précisément parce qu'il n'y a pas de fleurs que nous pouvons imaginer un certain état. C'est cette masse d'énergie aux possibilités illimitées qui fait battre le cœur des gens. Okakura ne cite pas ce poème,

25. KUMAKURA Isao, 南方録を読む (Lire le Nanpōroku), Tankosha, 1983.

mais il m'a semblé propice à une meilleure compréhension de cette notion de l'imparfait.

C'est l'esprit qui consiste à tirer le meilleur parti de cette absence qui est important, et non pas l'absence de choses en elle-même. Évidemment, on peut dire que c'est précisément parce qu'il n'y a rien que nous pouvons créer. Si tout était parfait, nous serions satisfaits et nous finirions par ne rien faire et ne rien créer. Cet esprit de création est inclus dans le concept de « *wabi*-imparfait ».

Dans le choix des ustensiles à thé, tout en appréciant la beauté des récipients parfaitement symétriques, les formes déformées étaient également acceptées : il existe un chef-d'œuvre du début du XVIIe siècle, un *mizusashi* (récipient à eau) appelé *Yaburebukuro* [Le sac crevé], une pièce imparfaite qui a perdu sa forme et s'est fissurée à la cuisson. Cependant, les maîtres de thé ont adoré la forme naturelle produite par l'argile et le feu : « Jamais plus une pièce semblable n'adviendra ». Il est aujourd'hui répertorié comme un bien culturel important du Japon.[26]

---

26. *Yaburebukuro* (Le sac crevé), collection du musée Gotō, Tokyo.

Il est dit aussi que si l'on veut savoir ce qu'est l'essence de la voie du thé, il faut voir les peintures du peintre chinois Mokkei [Muqi en chinois], moine *chan*, le zen chinois, de la seconde moitié du XIIIe siècle, qui aimait peindre à l'encre. Dans son *Enjibanshō-zu* (*Cloches nocturnes d'un monastère dans la brume)*[27], un temple très lointain au cœur des montagnes est représenté enveloppé dans les brumes du crépuscule. Mais le temple n'est pas entier, seul un coin de toiture est visible, des traces plus sombres suggèrent les silhouettes des arbres, alors que la quasi-totalité du rouleau est constituée de brume d'une encre très claire et d'espace vide. D'autre part, le titre de l'œuvre est « Cloches », ce qui laisse supposer qu'il a en réalité voulu représenter le son des cloches.

Si, dans cet esprit, vous tendez votre regard pour trouver le temple dans cette peinture, vous pourrez même sentir l'air humide au fond des montagnes tranquilles et la température de la brise du soir, et vous pourrez entendre le son des cloches qui résonnent au loin. Certainement pas un son proche,

27. MOKKEI, *Enjibanshō-zu* (Cloches nocturnes d'un monastère dans la brume), collection du Musée des Beaux-Arts de Hatakeyama.

ni un son sous un ciel pur. Les œuvres de Mokkei ont été introduites au Japon au début du XIVe siècle et, prisées par les *shōgun* successifs, les principaux penseurs culturels et lors des cérémonies du thé, elles ont eu une influence majeure sur la peinture japonaise. Nombre des œuvres de Mokkei sont désormais désignées comme des trésors nationaux ou des biens culturels importants et sont conservées dans plusieurs musées japonais majeurs.

Il est en même temps surprenant de constater que Mokkei n'était que moyennement apprécié en Chine, son pays d'origine, en raison de sa « rugosité » (c'est-à-dire son manque de méticulosité). Il est certain que dans le monde de l'art chinois de l'époque, la technique du paysage par laquelle chaque feuille d'un arbre de montagne était soigneusement dessinée et les parois rocheuses et les bâtiments représentés avec précision était en faveur à la même époque, de sorte que la peinture de Mokkei semblait trop simple et incomplète en comparaison. Et incomplète, elle l'est, mais c'est précisément son incomplétude qui invite notre imagination et nous permet d'entrer dans un engagement actif avec cette peinture. Okakura décrit comment ce principe est au cœur de ce qui est en jeu dans la chambre de thé.

> Dans la chambre de thé, il appartient à chaque invité de compléter par son imagination propre, l'effet de l'ensemble.[28]

Qu'en pensez-vous ? Essayez de prendre une tasse de thé avec cette image devant vous ou dans votre esprit. N'importe quel thé fait l'affaire. Déjà, vous vivez l'expérience d'une cérémonie du thé.

LE NATUREL

Dans le chapitre VI, « Les fleurs », Okakura parle de l'attitude des maîtres de thé envers les fleurs comme une image de ce que doit être la relation de l'homme devant la nature. Et à cet égard, il affirme que la façon dont les maîtres de thé arrangent les fleurs est plus inspirante que celle des maîtres de l'*ikebana*.

> Nos sympathies personnelles vont naturellement aux arrangements floraux du maître de thé plutôt qu'à ceux du maître de fleurs. Les premiers relèvent de l'art par essence et nous plaisent à cause de son rapport intime entretenu avec la vie. Nous aimerions appeler cette école, la naturelle,

28. Okakura Kakuzō, *op. cit.*, chap. IV, p. 150.

en contradiction avec les naturalistes et les formalistes.[29]

C'est dans ce sens que les maîtres de thé apprennent à arranger les fleurs « comme elles sont dans le champ ». Quand je me suis formée à l'*ikebana*, j'ai appris qu'il y avait des règles fondamentales qui fixaient le nombre de fleurs, l'équilibre des hauteurs, et j'ai appris très consciemment que respecter ces règles me faisait créer de belles formes. Mais si c'est l'homme qui fixe les canons de la beauté, comment se libérer de son ego dans ces conditions ?

Comme le dit Okakura, « le maître de thé estime que son devoir ne s'étend qu'au choix des fleurs, et il leur laisse raconter leur propre histoire. »[30] Il prend simplement une paire de ciseaux et va couper une branche afin d'accueillir les fleurs du jardin ou de la prairie dans la chambre de thé comme un enseignement, l'enseignement même de la nature. Les fleurs elles-mêmes délivrent en silence l'enseignement de la nature pour peu qu'on les place dans le recoin le plus sacré de la chambre de thé : l'alcôve du *tokonoma*.

---

29. OKAKURA Kakuzō, *op. cit.*, chap. VI, p. 181.
30. *Loc. cit.*

Quel besoin ont les fleurs, qui sont la nature elle-même, et contiennent par elles-mêmes la vérité de la nature, de formes artificielles pour être belles ? Certes, le choix des fleurs, l'endroit où les couper et le vase à utiliser dépendent du degré de développement du maître de thé sur la voie du thé et de sa vision de la nature. Certes, il suffit de couper les fleurs, mais en réalité, le seul fait de couper les fleurs révèle votre niveau de développement personnel, ce qui vous oblige à toujours progresser dans votre art. Car, vous n'avez peut-être pas atteint la perfection mais vous faites de votre mieux le jour J pour choisir les fleurs et accueillir vos invités.

De plus, l'invité d'une cérémonie du thé prend place en face des fleurs disposées dans l'alcôve, met un éventail devant lui pour créer une limite entre elles et lui, et s'incline devant les fleurs avant de les regarder. Au moment où vous levez les yeux, votre esprit saute la frontière et vous êtes la fleur et la fleur est vous. Je vous invite à sortir vous-mêmes quelques fois dans la campagne, comme le font les maîtres de thé, à choisir des fleurs et des herbes dans les prés, à les couper là où elles doivent l'être, à les arranger dans le récipient dont vous disposez, à vous incliner, puis à vous confronter à la vie des fleurs. Il y a de fortes chances que cela vous procure plus de sensations que la lecture de ce texte.

Laissez-moi vous raconter une autre histoire à propos des fleurs de la cérémonie du thé. Les Japonais qui ne pratiquent pas la cérémonie du thé, plus encore que les étrangers, sont parfois surpris par le choix des fleurs des maîtres de thé. Lorsque vous entrez dans une chambre de thé et que vous levez les yeux, vous voyez des fleurs qui ne sont pas encore ouvertes. Non pas parce qu'il n'y en avait pas d'autres, mais par choix assumé et volontaire. Une fois qu'une fleur est ouverte, elle a tendance à baisser la tête. Les bourgeons, eux, sont sur le point de s'ouvrir. D'autre part ils incitent à imaginer la forme que prendra la fleur et, contrairement à une fleur qui se dirige sur sa fin, la puissance de la fleur qui se dirige vers la floraison s'exprime pleinement. Cette puissance embryonnaire est certainement ce qui donne la plus grande sensation de vie vibrante de la fleur.

D'autre part, bien que plusieurs fleurs, herbes et branches différentes puissent être disposées, comme dans l'*ikebana*, les maîtres de thé essaient de s'en tenir au minimum nécessaire et ne disposent le plus souvent qu'une fleur unique, afin de faire de celle-ci le point central de la composition et le plus vivant. Si la fleur présente une feuille qui la chevauche par-derrière et interfère d'une manière ou d'une autre avec sa présence, elle est supprimée, pour ne laisser que les feuilles nécessaires. L'esprit humain est naturellement guidé pour se concentrer sur le sujet principal. Seule la concentration permet au spectateur de ne faire qu'un avec la fleur.

Ensuite, si cela permet de se concentrer davantage sur le sujet principal, c'est-à-dire de le mettre encore plus en valeur, de le rendre encore plus vivant, il est possible d'ajouter une autre branche ou, par exemple, une branche sans feuille pour faire ressortir plus nettement la fleur rouge et ses feuilles vertes. Cette possibilité ne se limite pas aux fleurs mais est également prise en compte dans le choix des ustensiles à thé, comme le mentionne Okakura.

> Comme l'on ne peut pas écouter différents thèmes musicaux en même temps, une compréhension profonde du beau n'est possible qu'en se concentrant sur un motif central.[31]

31. Okakura Kakuzō, *op. cit.*, chap. IV, p. 149.

Afin de permettre à la conscience de rester concentrée, il est important de simplifier en excluant les choses inutiles. Dans la section suivante, nous examinerons le concept de simplicité, mentionné par Okakura à plusieurs reprises.

LA SIMPLICITÉ

L'érudit bouddhiste Daisetz Suzuki (1870-1966) déclarait que le zen et la voie du thé partagent « la tentative constante de simplifier les choses. »[32] Tous deux impliquent le dépouillement de tous les revêtements artificiels afin de voir les choses telles qu'elles sont réellement. En effet, les choses, y compris les personnes, sont plus naturelles sans décoration inutile. Et la simplicité laisse plus de place à l'imagination.

En ce qui concerne les ustensiles, le strict minimum est utilisé pour la cérémonie du thé. Le charbon de bois employé pour faire bouillir l'eau est disposé de manière à obtenir un effet maximal avec une quantité minimale. Il en va de même pour la quantité d'eau chaude qu'elle soit destinée à la préparation du thé, à réchauffer ou à rincer les bols.

32. Suzuki Daisetz T., *Zen and Japanese Culture*, The Eastern Buddhist Society, 1938.

De la même façon, l'élimination des décorations superflues d'un bol à thé permet de prendre plus directement conscience de la véritable nature du récipient et de sa fonction initiale. Le bol à thé noir *raku*, inventé par Rikyū peu avant sa mort, en est un exemple typique. Il n'a pas de couleur, pas de motif, et sa forme est très simple, faite pour contenir du thé. Pour un maître de thé, il suffirait d'avoir du thé, le bol n'est qu'une nécessité contingente du fait que le thé est un liquide, si vous voulez qu'il ne s'échappe pas entre vos doigts.

Quand j'utilise un bol à thé noir, j'ai le sentiment que Rikyū a voulu en quelque sorte donner une forme au *mu*, au néant, que visent les maîtres de thé. D'autant plus que la chambre de thé ne possédant que très peu de fenêtres, elle est sombre même en plein jour. Le bol de thé noir devient visuellement inexistant. Le bol de thé n'affirme aucune présence du récipient, il est oublié et l'attention se concentre sur le liquide vert.

C'est dans cet état où le contenant fait corps avec le contenu que sa raison d'être devient idéale. Nous ressentons la beauté d'un bol capable de créer cet état. Ici, la beauté désigne la forme qui permet de réaliser une relation idéale, autrement dit, qui nous fait ressentir la vérité immédiate du thé. De plus, l'argile du *raku* est poreuse et transmet lentement la chaleur du thé à la main, à travers le bol. Le bol à thé *raku* noir vous donne l'impression de tenir le thé directement dans votre main.

C'est cette conscience que poursuivent les pratiquants de la cérémonie du thé. Par exemple, quand vous prenez la louche pour puiser l'eau chaude, votre ego disparaît et vous essayez de devenir la louche elle-même. Ou, pour mieux dire, « je » ne puise pas l'eau, c'est ma main, le sujet agissant, qui devient louche, et la louche puise l'eau chaude. C'est la louche qui bouge, pas « je », nous donnons donc la priorité à la trajectoire de la louche. Il est intéressant de noter que réduire ainsi nos gestes au minimal leur confère une efficacité maximale. S'effacer jusqu'à devenir *mu*, le néant, pour laisser l'autre vivre n'est pas un sacrifice, c'est de fait vivre plus. C'est également le symbole à l'œuvre avec le bol à thé simple et noir. Cependant, comme le montre l'anecdote introduite par Okakura, l'esthétique que Rikyū présentait, était de celles qui ne pouvaient être comprises que par « une personne sur mille », très peu de personnes dans le monde peuvent apprécier ce simple bol noir au premier coup d'œil.[33]

La combinaison d'ustensiles à thé est un autre exemple de la manière dont la simplification permet de concentrer l'attention sur le sujet. Imaginons que vous soyez l'hôte d'un goûter, et que vous vouliez divertir vos invités avec de jolies tasses à thé à motif floral, quelle théière et autres ustensiles choisirez-vous pour compléter votre table ? Des ustensiles neutres et sans images ? Ou des ustensiles à thé très somptueusement décorés d'images diverses ? Si vous êtes un maître de la voie du thé, vous choisirez probablement les premiers. De même, vos invités se présenteront dans des kimonos unis, aux couleurs discrètes, pour s'accorder à votre goût.

Dans la préparation du thé, les mouvements inutiles sont eux aussi réduits au minimum, et l'emplacement des ustensiles pensé dans ce sens selon des principes triviaux, comme placer à droite les ustensiles qui seront manipulés par la main droite. L'absence de mouvements inutiles donne un aspect

33. Voir par exemple le bol à thé en *raku* noir « Shunkan », époque Tenshō (1573-1591), bien culturel important, propriété de Mitsui Bunko.

très naturel à la préparation et permet d'obtenir de beaux gestes. À ne pas confondre avec bouger consciemment pour être beau.

Par exemple, vous tendez la main pour prendre un bol. Pensez à l'air que vous déplacez. L'air est invisible, mais chaque molécule d'air sera déplacée par votre mouvement. L'objectif est donc d'en déplacer le moins possible, de faire le moins de vent possible. Autrement dit de déplacer la main et prendre l'objet à la distance la plus courte possible. Repenser radicalement le plus trivial des actes que tout le monde fait sans réfléchir, comme celui de prendre un objet dans la main, et le simplifier, éliminer au maximum l'inutile, c'est la pensée qui anime le maître de thé quand il prépare le thé.

Cela peut sembler fastidieux, mais il s'agit en fait d'un état d'esprit tout à fait naturel pour réduire l'inutile et conserver les choses dans un état aussi simple que possible.

On raconte l'anecdote suivante : quelqu'un s'était dit que Rikyū étant un maître célèbre, ses cérémonies du thé devaient être extraordinaires et mériter le détour. Quand il se rendit à l'une des cérémonies du thé de Rikyū, le thé fut servi et terminé avant même qu'il ne s'en rende compte.

La cérémonie du thé idéale se déroule de façon aussi naturelle que l'eau qui coule du haut vers le bas, et rien d'ostentatoire n'attire l'attention. Dans la littérature sur la cérémonie du thé, on enseigne que si l'on est félicité pour son « habileté », cela signifie que l'on a attiré le regard des invités, ce qui revient à dire que l'on est en réalité « très malhabile »[34].

La façon dont on boit le thé tend également à une simplification menant à la concentration sur l'essentiel. Lors des cérémonies du thé, des sucreries sont servies avec le thé, mais les deux ne sont pas mangés et bus ensemble. Les sucreries sont servies en premier, que vous mangez seules. Ensuite, le thé est bu, lui aussi, seul. La douceur de la confiserie et l'astringence du thé s'harmonisent ainsi dans la bouche, mais lorsque vous mangez la confiserie, vous êtes uniquement concentré sur la confiserie et lorsque vous buvez le thé, vous vous concentrez uniquement sur le thé. Il s'agit là encore d'une forme pratique de la doctrine zen

---

34. Kawakami Fubaku, 不白筆記 (Notes de Fubaku), Edo Senke Chanoyu Kenkyukai, 1979.

consistant à se concentrer sur le moment présent et à « vivre pleinement la vie ».

Okakura explique ensuite que cette recherche de simplification dans la cérémonie du thé a influencé le mode de vie des Japonais ordinaires.

> Ils ont mis en valeur notre amour naturel de la simplicité, et nous ont montré la beauté de l'humilité. À travers leurs enseignements, le thé est entré dans la vie de chacun.[35]

Bien entendu, la chambre de thé ne contient rien d'autre que le strict nécessaire pour boire du thé. La vaisselle est exempte de toute décoration superflue. De fait, un mode de vie minimaliste est pratiqué lors des cérémonies du thé, dans une pièce de taille juste suffisante pour boire du thé, avec un menu qui ne vous bourrera pas le ventre : se remplir le ventre à huit dixièmes est suffisant, comme on dit.

Le *Tai-an*[36], la chambre de thé conçue par Rikyū, existe toujours. Il est inscrit comme trésor national.

---

35. OKAKURA Kakuzō, *op. cit.*, chap. VII, p. 187.
36. Le *Tai-an* se trouve à l'intérieur du temple Myoki-an à Yamazaki dans la préfecture de Kyoto.

En tant que tel, on pourrait penser qu'il est magnifique, or, il ne comporte que deux tatamis (1 tatami mesurant 90 cm x 180 cm) : un pour le maître et un pour les invités. Or ce n'est pas le manque d'un espace plus grand ou d'un bâtiment plus luxueux qu'il fait ressentir, mais l'inutilité de vouloir plus. Ce que Rikyū a créé ici, au sein du monde, c'est un espace isolé du monde, clos autant que possible, limitant le plus possible les ouvertures.

> La simplicité de la chambre de thé et sa dénégation du vulgaire en font un véritable sanctuaire, bien loin des vexations du monde extérieur.[37]

Okakura insiste sur le fait que l'absence d'objets superflus dans la chambre de thé en fait un lieu où les gens peuvent se confronter au thé dans sa forme la plus pure, où les échanges de l'art et de l'esprit sont possibles. Comme il le dit aussi : « La simplicité et le purisme de la chambre de thé sont le produit de l'émulation créée par les monastères zens. »[38] Shin'ichi Hisamatsu (1889-1980), philosophe influencé par D.T. Suzuki dit pour sa part : « La cérémonie du thé opère la condensation

37. OKAKURA Kakuzō, *op. cit.*, chap. IV, p.152.
38. OKAKURA Kakuzō, *ibid.*, chap. IV, p.139.

des jardins et des monastères immenses dans une minuscule chambre de thé en forme de cabane, à qui elle insuffle une vitalité sensible. »[39]

Servir le thé et recevoir des invités fait également partie de la vie quotidienne des ménages ordinaires. Parce que le thé est au cœur de la culture japonaise, la cérémonie du thé a en partie libéré le zen du temple et l'a répandu jusque dans la vie culturelle la plus élevée de la population. C'est exactement ce que veut dire Okakura lorsqu'il parle « d'art de vivre ».

POUR TERMINER

L'Exposition universelle de Chicago, en 1893, fut un événement majeur, visitée par plus de 27 millions de personnes, soit la moitié de la population américaine de l'époque. Okakura a participé à la conception et à l'aménagement intérieur du « Phoenix Hall » du pavillon japonais. Il fut également l'auteur de la brochure explicative du pavillon japonais, *Illustrated Description of the Hō-ō-den (Phoenix Hall) at the World's Columbian Exposition.*[40]

---

39. HISAMATSU Shin'ichi, わびの茶道 (Le Wabi dans la cérémonie du thé), Ittouen, 1987.

40. OKAKURA Kakuzō, *The Hō-ō-den (Phoenix Hall): An*

Dans cette brochure de 52 pages, la cérémonie du thé (*chanoyu*) est présentée comme une culture remontant au XIVe siècle, époque à laquelle est né un nouveau mode de vie simplifié fondé sur la philosophie zen. Okakura y explique la relation entre la cérémonie du thé et la religion par le fait que les actes esthétiques tels que le *chanoyu* avaient joué un « rôle bouddhiste dans le rétablissement de la paix de l'esprit après la longue guerre civile qui avait fait rage jusque-là »[41]. Si la religion est « ce qui procure à l'homme le réconfort le plus profond et le plus absolu »[42], alors la cérémonie du thé n'est pas seulement un repos léger ordinaire, mais atteint le domaine du réconfort religieux le plus profond.

Arrivé à ce stade, je ne doute pas que certaines personnes doivent se dire qu'il doit être possible de se passer de thé et néanmoins d'atteindre la même profondeur. Je ne le nie pas. On trouve de fait des personnes capables d'atteindre le même état d'esprit et d'en faire une pratique quotidienne

---

Illustrated Description of the Buildings Erected by the Japanese Government at the World's Columbian Exposition, Jackson Park, Chicago, K. Ogawa, 1893.

41. OKAKURA Kakuzō, *ibid.*, pp. 13-14.

42. HISAMATSU Shin'ichi, *op. cit.*

par la voie du sport, de l'alpinisme ou même de leur activité professionnelle.

Cela ne diminuera cependant pas ma foi dans le profond réconfort qu'apporte l'arôme du thé, dans le sentiment de bonheur que l'on éprouve en savourant un bon bol de thé, dans l'action bénéfique du thé sur notre santé physique et mentale. L'action énergisante de la caféine nous confirme à notre propre humanité, et l'effet relaxant de la théanine induit ou favorise des pensées paisibles. Sans oublier la couleur verte du *matcha* qui évoque directement la nature végétale, vous serez d'accord. Dans l'ancien temps, nos prédécesseurs appelaient la chambre de thé leur « résidence de montagne à la ville ». C'est en effet l'un des rares endroits où l'on peut encore goûter le silence et la paix de la nature au milieu de l'agitation de la ville et des soucis du monde vulgaire, comme si l'on était à la montagne.

De nombreuses personnes ne peuvent résister à l'attrait du « charme subtil » du thé. Okakura écrit que le charme du thé n'est pas tant dû à des qualités qu'il possède relativement aux boissons de luxe, mais à l'absence des défauts que possèdent les autres :

> Il n'a pas l'arrogance du vin, ni la timidité du café ou l'innocence débonnaire du cacao.[43]

Ceci explique pourquoi le thé est associé au quotidien des hommes depuis la préhistoire et reste aujourd'hui apprécié comme une boisson qui apporte la paix du cœur.

Le dernier chapitre du *Livre du thé* se clôt sur la scène de la mort de Rikyū. Voici comment Okakura a traduit les poèmes que Rikyū aurait composés la veille de sa mort :

> *O sword of eternity!*
> *Through Buddha*
> *And through Dharuma alike*
> *Thou hast cleft thy way*
>
> *Sois la bienvenue*
> *Ô lame de l'éternité !*
> *À travers Bouddha*
> *Et à travers Bodhidharma,*
> *Tu t'es ouvert ta voie.*[44]

---

43. Okakura Kakuzō, *op. cit.*, chap. I, p. 96.
44. Okakura Kakuzō, *op. cit.*, chap. VII, p. 190.

En japonais, dans le *Chawa Shigetsu-shū*[45], le poème dit :

吾這寶剣祖佛共殺.

Qui se traduit directement par :

> Avec ma précieuse épée, je tue Bouddha et Bodhidharma.

« Tuer » est un mot qui fait peur, mais ici, même si Rikyū l'a prononcé avant de se plonger un poignard dans le ventre, son emploi est métaphorique. Lorsque j'ai séjourné dans un temple zen pour me former, le moine qui s'occupait de moi m'a reçue par ces mots : « À partir d'aujourd'hui, tu vas me faire le plaisir de te tuer toi-même ».

Je n'avais qu'une vingtaine d'années, ça surprend. Mais ce n'était rien d'autre que ce que, de façon plus conventionnelle, on appelle généralement « s'entraîner à vivre avec le soi devenu *mu*, néant ». De plus, mon maître zen utilisait délibérément un langage violent pour me faire comprendre que l'on n'est une

45. TANIBATA Akio, 茶話指月集を読む (Lire le Chawa Shigetsu-shū), Tankosha, 2002.

vraie disciple que lorsqu'on a dépassé son maître, ce qui ne s'atteint qu'avec une volonté d'étudier comme s'il s'agissait de « tuer » son maître.

Une autre anecdote raconte que Rikyū dit un jour à ses disciples que la voie du thé ne s'arrête pas au zen, que le zen n'est qu'une échelle pour aller au-delà, encore un peu plus haut.[46]

Or, le dernier poème de Rikyū possède une suite, qu'Okakura passe sous silence :

提る我得具足の一太刀
今此時ぞ
天に抛

Je vais maintenant jeter cette épée
L'arme que je tiens dans la main
Dans les cieux.

Il nous semble entendre une voix puissante annoncer : « Je vais maintenant me débarrasser de ce trésor (symbolisé par l'épée) que j'ai acquis, au-delà des Bouddha et des Bodhidharma ». Mais ce « trésor que

---

46. KUMAKURA Isao, *op. cit.*, mentionné dans le chapitre « Après sa mort ».

j'ai acquis » n'est, pas plus que le reste, qu'une illusion. Ce trésor est aussi le boulet qui m'attache au sol. En me libérant de l'illusion qui me faisait croire que j'avais obtenu quelque chose, je deviens vraiment libre. Ce qui amène la dernière ligne du *Livre du thé* :

> Avec un large sourire, Rikyū est passé dans l'inconnu.[47]

« L'inconnu » est probablement la traduction qu'a choisie Okakura pour *kū*, « le vide », ou *mu*, « le néant », le monde sans soi et sans les autres dans la pensée orientale. Façon éminemment piquante de finir.

En ce qui me concerne, pourquoi suis-je la voie du thé ? Eh bien, ma foi, moi aussi, je le fais aussi pour trouver ma liberté. Dans les cérémonies de thé que je fais, on trouvera parfois des photos dans l'alcôve, voire des lettres. L'un des aphorismes d'un de nos grands anciens que j'aimerais citer ici est : « Lâchez tout ! » Elle vient à l'origine d'une phrase que prononçait un moine *chan* chinois de la dynastie Tang appelé Zhaozhou[48]. La citation complète

47. OKAKURA Kakuzō, *op. cit.*, chap. VII, p. 190.
48. Zhaozhou Congshen (778-897). Jōshū Jūshin en japonais.

est : « Lâchez tout et vous serez comblé. »[49], soit lâchez les croyances et les attachements dont vous êtes chargé, votre cœur sera immédiatement comblé par un sentiment de liberté.

Si *Le Livre du thé* continue à être lu depuis si longtemps, c'est probablement parce que l'on ressent au cœur de l'ouvrage le désir passionné de l'auteur d'indiquer au monde où se trouve la bonne direction. Et pourtant, l'auteur lui-même insiste assez fortement sur le fait qu'il n'existe aucune doctrine de quelque importance qui se laisse mettre en mots.

Voici ce qu'il dit à propos de la traduction, mais qui reste aussi vrai pour la voie du thé, où l'on dit que mettre les choses par écrit est au contraire s'écarter de la vérité.

> La traduction est une trahison, et comme le remarque un auteur Ming, elle est, au mieux, l'envers d'un brocart : tous les fils sont là, mais il ne reste rien de la subtilité de la couleur ou du dessin.[50]

---

49. Cité dans l'ouvrage de Xiou Shaotan, 五家正宗贊 (Cinq louanges authentiques), 1254.
50. Okakura Kakuzō, *op. cit.*, chap. III, p. 117.

Dans la chambre de thé, la véritable appréciation des ustensiles ou la vérité derrière les paroles de son interlocuteur sont uniquement fonction de son propre niveau de progression dans la sagesse. Appelons cela « le paysage de la chambre de thé », mais si votre vue est faible, vous ne verrez rien de ce qui se trouve devant votre nez. Si vous n'avez pas la capacité de recevoir la vérité, vous ne la recevrez pas. Ce livre aussi est un livre à lire et relire et, au fur et à mesure de votre progression, vous verrez peu à peu apparaître le motif des fils tissés par l'auteur.

Une expression décrit l'esprit recherché quand on se rend à une cérémonie du thé : « Chaque rencontre n'a lieu qu'une fois ». Boire un bol de thé avec la conscience que la rencontre de ce jour avec les invités, avec les ustensiles, est une expérience qui ne se reproduira pas, qui restera unique, que le temps passe inexorablement et que la prochaine fois que vous rencontrerez peut-être les mêmes ustensiles ou les mêmes personnes, vous ne les verrez plus sous le même jour ne serait-ce que parce que vous, votre niveau de sagesse, aura changé. À vrai dire, le jour même déjà, vous vous apercevrez que celui qui sort à la fin de la cérémonie du thé n'est plus le vous qui était entré au commencement. Je suis persuadée que vous avez déjà senti les changements qui se sont opérés en vous entre le moment où vous avez ouvert ce livre pour la première fois et après avoir lu un chapitre, puis un autre, et encore après l'avoir lu en entier.

Un autre dicton se transmet dans l'enseignement de la voie du thé : « Au moment où vous décidez d'entrer dans cette voie (au moment où vous pensez apprendre la cérémonie du thé), vous êtes déjà un maître de la voie ». Au moment où nous avons pris ce livre en main, nous avons déjà, à cet instant-là, amené à notre conscience notre intention de comprendre l'état d'esprit du thé, et cela équivaut déjà à avoir acquis un esprit libre et paisible.

Que la compassion du thé réchauffe l'humanité entière,

Ako Yoshino
Maître de cérémonie du thé,
chercheuse en culture du thé

Le Livre du thé

I

La coupe de l'humanité

Au commencement, le thé était un médicament ; puis il est devenu un breuvage. En Chine, au VIIIe siècle, il a été admis dans le monde de la poésie en tant qu'élégante distraction. C'est au XVe siècle que le Japon l'a érigé en véritable religion esthétique, religion que nous appellerons : « théisme ». Le théisme est un culte fondé sur l'adoration du beau parmi les faits sordides de la vie quotidienne. On y célèbre la pureté et l'harmonie, le mystère de la charité mutuelle, le romantisme de l'ordre social. C'est tout autant un culte de l'imparfait[51] qu'une douce tentative d'accomplir un possible dans cette chose impossible qu'on nomme la vie.

---

51. L'auteur utilise volontiers des majuscules. Afin de rendre plus aisée la lecture, il a été choisi de les conserver uniquement lorsqu'elles apparaissent nécessaires à la bonne compréhension.

La philosophie du thé ne doit pas être appréhendée comme une simple esthétique ordinaire, car elle se combine tout à la fois à l'éthique et à la religion afin d'envisager l'homme et la nature. Elle est hygiène, car elle conduit à la propreté ; elle est économie, car elle voit du confort dans la simplicité plutôt que dans le coûteux et le luxueux ; elle est géométrie morale, car elle nous redonne un sens de la proportion au sein de l'univers. Elle représente le véritable esprit de la démocratie extrême-orientale car elle fait de tout un chacun un aristocrate du goût.

Le long isolement qu'a connu le Japon par rapport au reste du monde, renforçant son inclination à l'introspection, a largement favorisé le développement du théisme. Notre foyer et notre quotidien, nos vêtements et notre cuisine, les objets laqués, la peinture – et même notre littérature – en ont tous subi l'influence. Nulle personne étudiant la culture japonaise ne peut l'ignorer. Il a pénétré les demeures les plus nobles et les plus élégantes, tout autant qu'il s'est installé chez les plus démunis. Nos paysans ont appris à arranger les fleurs, nos travailleurs les plus simples à respecter l'eau et les rochers. Dans le langage familier, afin d'évoquer un homme peu sensible au tragi-comique du drame personnel, on affirme qu'il « manque de thé » en lui. De la même manière, nous stigmatisons l'esthète mal dégrossi qui, indifférent à la tragédie mondaine, se laisse submerger par un trop-plein d'émotions, en disant qu'il a « trop de thé ».

L'étranger pourra d'ailleurs s'étonner de tout ce bruit pour rien. « Quelle tempête dans une tasse de thé ! », fera-t-il remarquer. Mais, après tout, la coupe de la joie humaine est bien petite, très vite débordant de larmes, puis vidée jusqu'à la lie par notre soif inépuisable d'infini, et nous ne devrions pas nous en vouloir d'autant considérer une tasse de thé. L'humanité a fait bien pire. Nous avons tant sacrifié au culte de Bacchus ; et nous avons même cédé à transfigurer le visage ensanglanté de Mars. Pourquoi, dès lors, ne pas nous consacrer à la reine des camélias[52], et nous abandonner dans les chaudes effluves de sympathie qui émanent de son autel ? Dans l'ambre liquide contenu dans la tasse de porcelaine couleur ivoire, l'initié pourra goûter à la douce réserve de Confucius, au piquant de Lao Tseu, à l'arôme éthéré de Shakyamuni.

52. Le théier (*Camellia sinensis*) est une espèce voisine des camélias horticoles. Son nom *Camellia sinensis* signifie littéralement « camélia chinois ».

Ceux qui ne savent apprécier la petitesse des grandes choses passent à côté de la grandeur des petites choses. Le quidam occidental, confit dans sa superficialité, ne verra dans la cérémonie du thé qu'une énième étrangeté de cet Extrême-Orient qu'il juge charmant mais puéril. Le Japon représentait pour lui une civilisation barbare, tant qu'on y pratiquait les arts aimables de la paix ; depuis que l'armée a commis des massacres de masse sur les champs de bataille en Mandchourie[53], il considère le pays comme civilisé. Le fameux code d'honneur des samouraïs[54] a récemment fait beaucoup parler de lui – cet art de la mort qui offre à nos soldats un exutoire auquel se sacrifier ; pourtant, peu de gens évoquent le théisme, qui incarne si bien notre art de la vie. Comme nous resterions barbares, si notre titre de civilisation n'était lié qu'à la vaine gloire militaire ! Comme nous attendons le moment où notre art et nos idéaux recevront enfin tout le respect qu'ils méritent !

---

53. L'auteur fait référence à la guerre russo-japonaise (1904-1905) qui vit la défaite de l'armée russe. Suite à sa victoire, l'empire du Japon gagna par le traité de Portsmouth la péninsule du Guandong et la moitié méridionale de l'île de Sakhaline.

54. L'auteur fait référence à l'ouvrage *Bushidō, l'âme du Japon* de Inazô Nitobe qui fut publié en 1900 en langue anglaise et qui connut un fort retentissement.

Quand l'Occident comprendra-t-il – ou tentera-t-il de comprendre – l'Orient ? Nous autres Asiatiques sommes parfois atterrés par l'étrange tissu de faits et de fantasmes dont on nous a drapés. On nous décrit comme vivant du simple parfum du lotus, si ce n'est pas de souris ou de cafards. Nous sommes soit fanatisme impuissant, soit abjecte sensualité. La spiritualité hindoue n'est qu'ignorance, la sobriété chinoise pure idiotie, le patriotisme japonais les conséquences du destin. On a même affirmé que nous sommes moins sensibles à la douleur et aux blessures car notre système nerveux est moins développé !

Pourquoi ne pas vous amuser à nos dépens ? L'Asie vous retourne le compliment. Vous auriez de quoi vous moquer encore plus si vous aviez eu vent de toute la littérature et tous les fantasmes à votre sujet. C'est bien là tout le charme de la perspective, tout l'hommage inconscient du merveilleux, tout le ressentiment mutique de l'inconnu et de l'indéfini. On vous a accaparé de vertus trop raffinées pour les jalouser, et accusé de crimes trop pittoresques pour les condamner. Nos écrivains d'un autre temps – des hommes sages et savants – soutenaient que vous cachiez des queues en bois dans vos sous-vêtements, ou que vous vous régaliez souvent de fricassées de nouveau-nés !

Ah, et il y a pire encore : nous vous avons longtemps considéré comme le peuple le plus déroutant de la Terre, de ceux qui prêchent ce qu'ils ne mettent jamais en pratique.

Chez nous, de telles idées fausses disparaissent rapidement. Le commerce a fait dériver de bien nombreux Européens vers les ports orientaux. De jeunes Asiatiques partent faire leurs études dans des universités occidentales où ils se frottent à l'éducation moderne. Et si nous n'arrivons pas toujours à comprendre en profondeur votre culture, nous faisons preuve de bonne volonté. Certains de mes compatriotes ont déjà beaucoup trop adopté vos us et coutumes, bercés par l'illusion qu'en portant cols raides et hauts-de-forme soyeux, ils embrasseront pleinement votre civilisation. Si déplorables et si pathétiques soient de telles attitudes, elles soulignent notre volonté solide à respecter l'Occident, même si c'est à genoux. Malheureusement, l'attitude occidentale ne se soucie guère de comprendre l'Orient. Le missionnaire chrétien vient ici pour éduquer, pas pour apprendre. Les maigres informations que vous avez de nous proviennent de traductions hâtives de notre immense littérature, si ce n'est d'anecdotes à la fiabilité douteuse ramenées par des voyageurs de passage. Il est bien rare que la plume chevaleresque d'un Lafcadio Hearn ou de l'auteure de *The Web of Indian Life*[55] éclaire la pénombre orientale à la torche de nos propres sentiments.

En m'exprimant aussi franchement, je trahis peut-être mon ignorance crasse du culte du thé. Son étiquette implique une politesse où l'on ne peut dire que ce que l'on attend de vous, rien de plus. Mais je ne suis pas un théiste perclus de politesse. L'incompréhension mutuelle qui règne entre le Nouveau Monde et l'Ancien a déjà fait tant de mal que personne ne doit s'excuser de vouloir amener sa pierre à l'édifice d'une meilleure compréhension. Le début du XXe siècle aurait pu s'épargner le spectacle d'une guerre sanglante si la Russie avait accepté de mieux connaître le Japon. Quelles terribles conséquences pour l'humanité sont nées du mépris et de l'ignorance envers les problèmes orientaux ! L'impérialisme européen, qui s'abandonne à la facilité des cris d'orfraie à propos du « péril jaune »[56], n'arrive pas à imaginer que l'Asie puisse un jour découvrir aussi

55. Noble Margaret E. (connue sous le nom de sœur Nivedita), *The Web of Indian Life*, William Heineman éditions, 1904. Le livre présente les us et coutumes de la société indienne.
56. Le péril jaune apparaît en France en 1895 après la publication, dans *Le Monde* illustré, d'un dessin allégorique allemand intitulé *Die Gelbe Gefahr*.

la cruauté du « désastre blanc ». Peut-être vous moquez-vous de ceux qui ont « trop de thé » chez nous, mais ne pouvons-nous pas vous soupçonner, en Occident, de « manquer de thé » en vous ?

Empêchons donc les continents de continuer à se couvrir ainsi d'épigrammes, et soyons plus attristés, si ce n'est assagis, du gain mutuel d'un demi-hémisphère. Nous nous sommes développés dans des directions différentes, mais aucune raison ne nous interdit de nous compléter. Vous avez pris vos aises au prix de l'absence de tranquillité ; nous avons créé une harmonie fragile contre les attaques. Incroyable, non ? L'Orient, à certains égards, vaut mieux que l'Occident !

N'est-il pas étrange que l'humanité se soit retrouvée autour d'une tasse de thé ? C'est le seul cérémonial asiatique qui rencontre une estime universelle. L'homme blanc a critiqué notre religion et nos valeurs, mais il a accepté sans la moindre hésitation le breuvage doré. Le thé de l'après-midi possède désormais une fonction centrale dans la société occidentale. Dans le délicat entrechoquement des soucoupes et des tasses, dans ce bruissement de l'hospitalité féminine, dans le catéchisme commun à tous de la crème et du sucre, nous savons que la religion du thé n'est plus à remettre en question. La résignation de l'invité face au destin qui l'attend sous la forme d'une décoction trouble proclame, de cette manière au moins, que l'esprit oriental règne en maître.

La première mention littéraire du thé en Europe remonte au récit d'un voyageur arabe qui explique qu'après l'an 879, les principales sources de revenus à Canton provenaient des droits de douane du sel et du thé. Marco Polo évoque la déposition d'un ministre des finances chinois en 1285 à propos de son augmentation arbitraire des taxes sur le thé. C'est à l'époque des grandes explorations que les Européens ont commencé à être mieux informés quant à l'Extrême-Orient. À la fin du XVIe siècle, les Hollandais ont fait écho d'une délicieuse boisson produite en Orient à partir de feuilles d'un arbuste. Les explorateurs Giovanni Battista Ramusio (1559), L. Almeida (1576), Maffeno (1588) et Tareira (1610)[57] évoquent également le thé. En 1610, des bateaux de la Compagnie Hollandaise des Indes Orientales ont

57. Dans l'une des éditions anglaises, une note en bas de page renvoie cette présentation d'explorateurs à l'ouvrage *Dissertations* écrit par Paul Kransel, Berlin, 1902. Giovanni Battista Ramusio est un géographe italien décédé en 1557. *Delle navigationi et viaggi* (De la navigation et des voyages) a été publié à Venise respectivement en 1563, 1559 et en 1606. L. Almeida et Tareira sont des explorateurs portugais. Peu de sources existent sur Maffeno.

ramené pour la première fois du thé en Europe. Les Français l'ont découvert en 1636, et les Russes en 1638. Quant à l'Angleterre, il a fallu attendre 1650 pour qu'on en parle comme « cette excellente boisson chinoise louée par tous les médecins, que les Chinois appellent le “tcha”, et les autres nations le “Tay” ou “Tee”. »

Comme toutes les bonnes choses en ce monde, la propagande du thé s'est heurtée à quelques oppositions. Des hérétiques tels que Henry Savile[58] (1678) ont taxé sa consommation d'habitude impure. Jonas Hanway[59], en 1756 dans son *An Essay on Tea*[60] affirmait qu'au contact du thé, les hommes semblaient perdre leur stature et leur allant, tandis que

---

58. Henry Savile (1549-1622) est un savant, mathématicien et helléniste anglais. Il est notamment connu pour avoir traduit *Le Nouveau Testament* du grec vers l'anglais.

59. Jonas Hanway (1712-1786), commerçant, écrivain et philantrope anglais a notamment beaucoup commercé avec l'Asie de 1743 à 1756.

60. HANWAY Jonas, *An Essay on Tea: Considered as Pernicious to Health, Obstructing Industry, and Impoverishing the Nation: with a Short Account of Its Growth, and Great Consumption in These Kingdoms: with Several Political Reflections: in Twenty-five Letters Addressed to Two Ladies* (Un essai sur le thé: considéré comme pernicieux pour la santé, entravant l'industrie et appauvrissant la nation: avec un bref compte rendu de sa croissance et de sa grande consommation dans ces royaumes: avec plusieurs réflexions politiques: en vingt-cinq lettres adressées à deux dames), H. Woodfall, 1756.

les femmes y sacrifiaient leur beauté. Son prix à ses débuts (de quinze à seize shillings la livre) n'en faisait pas un produit de consommation courante, et le thé était « réservé aux réceptions, festins et offrandes pour les aristocrates et les grands de ce monde. »

En dépit de ses inconvénients, la consommation de thé s'est répandue à vive allure. Durant la première moitié du XVIIIe siècle, les cafés londoniens se sont transformés en salons de thé, rendez-vous des grands esprits tels qu'Addison et Steele[61] qui aimaient s'oublier au-dessus de leur « plat de thé »[62]. Le breuvage s'est imposé comme une nécessité et donc, comme une marchandise imposable. N'oublions pas à quel point les droits de douane ont joué un rôle important dans l'histoire moderne. L'Amérique coloniale a enduré l'oppression jusqu'au jour où ses citoyens se sont révoltés face à l'écrasante taxation du thé. L'indépendance

61. Joseph Addison (1672-1719) et Richard Steele (1672-1729), hommes politiques et écrivains anglais et irlandais. Ils sont les cofondateurs de *The Spectator*, un périodique publié quotidiennement qui fut l'un des best-sellers du XVIIIe siècle. Ses numéros se vendaient jusqu'à 4000 exemplaires par jour, et proposaient des nouvelles et des essais sur les manières, la morale et la littérature.
62. L'expression « Dish of Tea » apparaît dans *The Spectator* daté du 5 mai 1711.

américaine coïncide avec la destruction de caisses de thé dans les eaux du port de Boston.

Le goût du thé possède un charme subtil qui le rend irrésistible et éligible à l'idéalisation. Les humoristes occidentaux ont vite fait de conjuguer le parfum de leurs pensées à l'arôme du thé. Il n'a pas l'arrogance du vin, ni la timidité du café ou l'innocence débonnaire du cacao. En 1711, déjà, la revue *The Spectator* affirme : « Je veux particulièrement recommander mes réflexions à toutes les familles soudées qui consacrent une heure chaque matin au thé, au pain et au beurre ; et je leur conseille vivement, pour leur bien, de recevoir ce journal à cette heure précise, et à le considérer comme partie intégrante du service à thé. »[63] Samuel Johnson[64] brosse son autoportrait comme un « buveur de thé éhonté et endurci, qui a dilué ses repas depuis vingt ans dans l'infusion de cette plante enchanteresse ; un homme qui se divertit chaque soir de thé, se console par ce breuvage à minuit et accueille le matin en sa compagnie. »

---

63. *The Spectator*, 12 mars 1711.
64. Samuel Johnson (1709-1784), écrivain anglais connu pour ses nombreuses contributions en tant que poète, dramaturge, essayiste, moraliste, critique, biographe, éditeur et lexicographe.

Charles Lamb[65], un fidèle adepte du thé, a donné une définition qui sonne bien du théisme en déclarant que le plus grand plaisir qu'il connaisse était de faire une bonne action anonyme et de s'en rendre compte par hasard. Le théisme est l'art qui consiste à cacher la beauté qu'on pourrait autrement découvrir, et à suggérer ce que l'on n'ose révéler. C'est là le noble secret de savoir se moquer de soi-même, doucement mais totalement, et c'est aussi là l'humour même, ce sourire de la philosophie. Tous les grands humoristes peuvent ainsi être appelés des philosophes du thé. Thackeray, par exemple, et bien sûr, Shakespeare. Les poètes de la décadence (quand le monde n'a-t-il pas connu la décadence ?), dans leur guerre contre le matérialisme, ont aussi, à leur manière, ouvert la voie au théisme. De nos jours, il se peut bien que ce soit dans notre admiration envers l'imparfait que l'Occident et l'Orient se retrouvent dans une consolation mutuelle.

Pour les taoïstes, le grand commencement du Non-Commencement coïncide au moment où Esprit et Matière se sont livrés à un combat mortel. L'empereur Jaune[66], Soleil du Ciel, a fini par

---

65. Charles Lamb (1775-1834), poète et critique littéraire anglais.
66. L'empereur Jaune (黄帝 Huáng Dì) est selon la tradition chinoise un souverain civilisateur de la haute Antiquité qui

triompher de Chiyou[67], démon des ténèbres et de la Terre. Le Titan, au moment d'agoniser, a frappé de la tête la voûte solaire et fait éclater en mille morceaux le dôme bleu en jade. Les étoiles y ont perdu leur nid, la lune a erré sans but au beau milieu des abîmes sauvages de la nuit. Par désespoir, l'empereur Jaune a fait tout son possible pour trouver quelqu'un capable de réparer les cieux. Sa quête s'est révélée fructueuse : Nuwa[68], une divine reine, a émergé de la mer orientale, couronnée de cornes et dotée d'une queue de dragon, sublime dans son armure de feu. Elle a fait fusionner les cinq couleurs de l'arc-en-ciel dans son chaudron magique, et recréé le ciel de Chine. On dit également que Nuwa a oublié de combler deux petits interstices du firmament bleu. Ainsi est né le dualisme de l'amour : deux âmes qui dévalent l'espace et ne trouvent jamais le repos, jusqu'à ce qu'elles fusionnent enfin pour compléter l'univers. Chacun doit bâtir à nouveau son ciel d'espérance et de paix.

---

aurait régné de 2697 à 2597 ou de 2698 à 2598 av. J.-C. Il serait un ancêtre de la dynastie des Han.

67. Noté « Shuhyung » dans la version originale.

68. Nuwa est un personnage de la mythologie chinoise dont l'origine remonte à l'Antiquité. Déesse créatrice, elle a façonné les premiers hommes avec de la glaise, leur a donné le pouvoir de procréer et a réparé le ciel brisé.

Le ciel de l'humanité moderne a volé en éclats pendant la lutte cyclopéenne entre richesse et pouvoir. Le monde vacille et avance à tâtons dans l'ombre de l'égotisme et de la vulgarité. Le savoir est à vendre avec mauvaise conscience, et la bienveillance est pratiquée par pur utilitarisme. L'Orient et l'Occident, tels deux dragons perdus dans un océan de fermentation, luttent vainement afin de retrouver ce joyau qu'est la vie. Nous avons besoin que Nuwa revienne réparer le grand désastre ; nous attendons le grand Avatar. Mais pour le moment, buvons une gorgée de thé. La lumière de l'après-midi éclaire tendrement les bambous, les fontaines bouillonnent légèrement, les pins soupirent dans notre bouilloire. Rêvons donc de ce qui ne dure pas, et laissons-nous aller à la douce folie des choses.

II

Les écoles du thé

Le thé relève de l'œuvre d'art, et une main experte est nécessaire pour en révéler ses qualités les plus nobles. Il existe du bon et du mauvais thé, comme il y a de bonnes ou mauvaises peintures – surtout des mauvaises, d'ailleurs. Il n'y a pas plus de recette unique pour créer le thé parfait qu'il n'y a de règles pour produire un Titien ou un Sesson[69]. Chaque préparation de feuilles possède sa singularité, son affinité unique entre eau et chaleur, sa propre façon de raconter une histoire. La véritable beauté doit toujours en faire partie. Combien n'avons-nous pas souffert de voir que la société ne reconnaît jamais cette loi basique et fondamentale de l'art de la vie…

---

69. Shūkei Sesson est un moine zen et un peintre japonais de la période Muromachi. Il touche à de nombreux genres et est connu pour son étourdissante virtuosité.

Li Zhongguang[70], un poète Song, a malheureusement fait remarquer qu'il existe trois choses à déplorer dans le monde : la mauvaise éducation d'une jeunesse privilégiée, la dégradation des beaux-arts à force d'une admiration vulgaire, et le gaspillage d'un bon thé à cause d'incompétents qui ne savent pas bien le préparer.

Comme l'art, le thé possède ses écoles et ses périodes. Son évolution peut être grossièrement divisée en trois étapes : le thé bouilli, le thé fouetté et le thé infusé. Nous, les modernes, appartenons à la dernière école. Toutes ces méthodes afin d'apprécier le breuvage en disent long sur l'esprit de l'époque où elles ont été pratiquées. La vie est une expression, et nos actions inconscientes sont là pour trahir nos pensées les plus enfouies. Confucius disait que « l'homme ne peut rien cacher ». Peut-être nous révélons-nous trop dans les petites choses parce que nous avons si peu de choses grandes à cacher. Les petits incidents du quotidien sont autant de commentaires d'idéaux d'un peuple que des pensées poétiques ou philosophiques hautement spirituelles. De même que les différentes manières de produire le vin relèvent des obsessions et des

70. Noté « Lichilai » dans la version originale.

caractères de différentes époques et nationalités en Europe, les idéaux du thé résument les atermoiements de la culture orientale. La galette de thé à bouillir, le thé en poudre à fouetter, la feuille de thé à infuser : tous marquent respectivement les pulsions et les émotions des dynasties Tang, Song et Ming. Si l'on devait se rapporter à la terminologie éculée des Occidentaux pour classifier les arts, on pourrait dire que ces périodes désignent respectivement les écoles classique, romantique et naturaliste du thé.

Le plant de thé, originaire du sud de la Chine, était déjà bien connu lorsque la botanique et la médecine chinoises se développent. On l'évoque déjà dans les grands classiques de la littérature sous différentes appellations : *tou*, *tseh*, *chung*, *kha* et *ming*. Le thé était loué pour posséder la vertu de soulager la fatigue, d'entretenir l'âme et de soigner la vue défaillante. On l'administrait non seulement comme remède interne mais aussi externe, sous la forme d'une pâte censée soulager les rhumatismes. Les taoïstes prétendaient que le thé était un ingrédient important de l'élixir d'immortalité, tandis que les bouddhistes l'utilisaient à foison afin de lutter contre le sommeil durant les longues heures consacrées à la méditation.

Entre le IVe et le Ve siècles, le thé est devenu le breuvage favori des habitants de la vallée du Yang-Tsé-Kiang[71]. C'est à cette époque qu'a été dessiné l'idéogramme « Cha », dérivé évident du classique « Tou ». Les poètes des dynasties du sud ont eux aussi fait quelques allusions à leur fervente adoration envers « l'écume du jade liquide ». Les empereurs de l'époque avaient l'habitude d'accorder à leurs ministres les plus haut placés une préparation rare de ces feuilles afin de les récompenser de leurs services. La méthode de consommation du thé était par contre encore très primitive. Les feuilles étaient cuites à la vapeur, puis écrasées au mortier, rassemblées en une galette qu'on faisait bouillir avec du riz, du gingembre, du sel, des écorces d'orange, des épices, du lait, et parfois même des oignons ! Cette coutume est encore courante chez les Tibétains et différentes tribus mongoles qui font de ces ingrédients un curieux sirop. L'utilisation chez les Russes de tranches de citron, qui ont appris l'art du thé auprès des caravansérails chinois, est une survivance évidente de cette méthode passée. Il a fallu tout le génie de la dynastie Tang pour permettre au thé de s'émanciper de

71. Le fleuve Yangtsé, autrefois appelé fleuve Bleu, est le plus long fleuve d'Asie et le troisième plus long fleuve du monde.

son état grossier et se hisser à son idéalisation finale. Au milieu du VIIIe siècle, le thé a trouvé son premier apôtre en la personne de Lu Yu[72]. Il était né à une époque où bouddhisme, taoïsme et confucianisme se cherchaient une synthèse commune. Le symbolisme panthéiste de l'époque demandait à refléter l'univers dans le singulier. Lu Yu, poète, voyait dans le service du thé la même harmonie et le même ordre qui régnaient en toutes choses. Dans son ouvrage historique intitulé *Chajing*[73] (*Le Classique du thé*), il a précisé le code du thé. Il est depuis considéré comme le dieu tutélaire de tous les marchands de thé chinois.

Le Classique du thé est constitué de trois volumes et dix chapitres. Dans le premier chapitre, Lu Yu évoque la nature des plants de thé, dans le deuxième, les outils employés pour les récolter, dans le troisième, la sélection des feuilles. Selon lui, les meilleures feuilles sont celles qui « ont l'aspect des bottes de barbare, au cuir sec et tanné. D'autres évoquent un poitrail de zébu aux plis tombants, des volutes de

72. Lu Yu (733-804) est un auteur chinois de la dynastie Tang. Il est essentiellement connu pour son ouvrage *Le Classique du thé*, édité en 780.
73. Yu Lu, *Le Classique du thé*, Rivages poche, 2015. Traduction de Catherine Despeux.

nuages s'échappant d'une montagne, un miroir d'eau caressé par une légère brise ou de l'argile de potier tamisée et purifiée avec de l'eau. D'autres encore ressemblent à une terre nouvellement travaillée avec des sillons formés par une forte pluie. »[74]

Le quatrième chapitre est consacré à l'énumération et la description des vingt-quatre parties de l'équipement consacré au thé, du brasier à trois pieds jusqu'au cabinet en bambou où sont rangés tous les ustensiles. Il faut noter ici la prédilection de Lu Yu pour le symbolisme taoïste, ainsi que l'influence du thé sur la céramique chinoise. La porcelaine céleste, comme on le sait, trouve ses origines dans la tentative de reproduire la couleur exquise du jade. Ce qui a donné, sous la dynastie Tang, l'émail bleu du Sud et l'émail blanc du Nord. Lu Yu tenait le bleu comme la couleur idéale pour la tasse à thé, car il renforce le vert du breuvage, tandis que le blanc lui confère une teinte rosée repoussante. C'est pour cette raison qu'il utilisait les galettes de thé. Plus tard, quand les maîtres de thé Song ont adopté le thé en poudre, ils ont préféré des bols lourds bleu et brun foncé. Les Ming, avec leur thé infusé, se délectaient de tasses en porcelaine fine et blanche.

---

74. YU LU, *op. cit.*, p. 58. Le paragraphe se termine par « Ce sont autant de thés raffinés à l'excellente saveur. »

Dans le cinquième chapitre, Lu Yu décrit la méthode de cuisson du thé. De tous les ingrédients auparavant utilisés, il ne conserve que le sel. Il revient également sur la controverse du choix de l'eau et du degré d'ébullition. Selon lui, l'eau de montagne est la meilleure, suivie de l'eau de rivière puis de l'eau de source. Il existe trois états d'ébullition : le premier, avec l'apparition de petites bulles, telles des yeux de poissons flottant à la surface ; le deuxième, avec des bulles cristallines perlant d'une fontaine ; le troisième, avec des soubresauts agitant violemment la bouilloire. La galette de thé est grillée avant de devenir tendre comme le bras d'un enfant, puis elle est pilée entre deux feuilles de papier fin. On rajoute du sel lors de la première ébullition, puis le thé au moment de la deuxième. À la troisième, il faut verser une grosse cuillère d'eau froide dans la bouilloire afin de fixer le thé et de « redonner jeunesse à l'eau »[75]. Ensuite, le breuvage est servi dans les tasses, avant d'être bu. Ah, quel nectar ! Les fines membranes restent comme suspendues, telles des nuages écaillés dans un ciel de traîne, ou des nénuphars flottant sur des filets d'eau émeraude. C'est à propos d'un tel breuvage que Lu

75. Yu Lu, *op. cit.*, p. 89. Dans la traduction, il est plutôt fait mention de « nourrir l'essence de la boisson ».

Tong[76], un poète Tang, a écrit : « La première tasse permet d'humecter mes lèvres et ma gorge, la deuxième rompt ma solitude, la troisième s'infiltre dans mes entrailles stériles, où elle y découvre quelque cinq mille volumes d'idéogrammes étranges. La quatrième induit une légère transpiration – tous les malheurs de la vie s'en vont à travers mes pores. À la cinquième, je me sens purifié ; la sixième me rappelle au royaume des immortels. La septième tasse, ah, la septième, je ne peux en boire plus ! Je ne sens plus que le souffle du vent glacial s'engouffrer dans mes manches. Où est Horaisan[77] ? Laissez-moi donc enfourcher cette douce brise, qu'elle m'emporte au loin ! »[78]

Les autres chapitres du *Classique du thé* traitent de la vulgarité des coutumes ordinaires de consommation du thé, de quelques anecdotes quant aux buveurs de thé célèbres, des fameuses plantations

76. Lu Tong (790-835) est originaire de la ville de Jiyuan, dans la province du Henan en Chine. Grand amateur de thé, il rédigea de nombreux poèmes relatifs à son amour pour cette boisson, qui lui valurent le surnom de « fou du thé ».
77. Transcription japonaise qui renvoie au mont Penglai, issu de la mythologie chinoise où vivaient les immortels. Dans la culture japonaise, le nom désigne par extension une île inaccessible qui fait généralement partie d'un jardin japonais, et souvent traduits respectivement par « montagne du trésor » ou « île au trésor ».
78. Il s'agit du célèbre poème des *Sept tasses de thé* de Lu Tong.

de thé en Chine, des variations possibles quant au service du thé et des ustensiles nécessaires à sa préparation. Le reste, malheureusement, est perdu.

L'apparition du *Classique du thé* a certainement beaucoup bouleversé les choses à l'époque. Lu Yu est devenu le favori de l'empereur Tang Daizong[79], et sa gloire lui a attiré de nouveaux adeptes. On disait que les nez les plus fins savaient discerner le thé préparé par Lu Yu de celui de ses disciples. Un mandarin est ainsi entré dans l'histoire pour ne pas avoir su apprécier le thé de ce grand maître.

Sous la dynastie Song, le thé fouetté est devenu à la mode. Ainsi est née la deuxième école du thé. Les feuilles y étaient réduites en fine poudre dans un petit moulin de pierre et la préparation était ensuite fouettée dans l'eau chaude avec un fouet en bambou très léger. Cette nouvelle méthode a apporté quelques nouveautés au service du thé créé par Lu Yu, ainsi que dans la sélection des feuilles. Le sel a disparu pour toujours. L'enthousiasme du peuple Song pour le thé était sans limite. Les épicuriens rivalisaient afin d'en découvrir de nouvelles variétés, et des tournois étaient organisés de

79. Tang Daizong (727-779) fut le douzième empereur de la dynastie Tang et régna de 763 à 779.

manière régulière afin de déterminer leur supériorité. L'empereur Huizong[80] qui était un trop grand artiste pour être un bon monarque, dépensait fortune et trésors pour acquérir des espèces rares. Il est lui-même l'auteur d'un essai sur une vingtaine de nouvelles espèces de thé. Pour lui, le plus rare et le plus exquis était le « thé blanc ».

L'idéal du thé pour les Song diffère de celui des Tang, tout autant que leur conception de la vie. Ils voulaient en fait réaliser ce que leurs prédécesseurs tentaient de seulement symboliser. Pour l'esprit néo-confucianiste, la loi cosmique ne se reflétait pas dans le monde et ses phénomènes, car ces derniers constituaient la loi cosmique en soi. Les éons n'étaient que des moments, et le nirvana était toujours atteignable. La conception taoïste de l'immortalité en tant que changement éternel se retrouve dans tous leurs modes de pensée. C'est le processus, pas la fin en soi, qui est intéressant. C'est l'acte d'accomplir, pas l'accomplissement, qui est réellement vital. L'homme se retrouve ainsi face à la

80. L'empereur Huizong (1082-1135) est le huitième empereur de la dynastie Song et régna de 1101 à 1124. Il fut aussi une personnalité importante de l'histoire de l'art chinois. Patrick Carré en relate l'existence dans *Le Palais des nuages*, Phébus, 2002.

nature. Un nouveau sens des choses s'installe dans l'art de la vie. Le thé arrête d'être un simple passe-temps poétique, mais l'une des manières de se réaliser. Wang Yucheng[81] a célébré le thé qui « inondait son âme de manière immédiate, avec cette amertume délicate qui lui rappelait l'arrière-goût d'un bon conseil. » Su Tung-Po[82] a beaucoup écrit sur la force de la pureté immaculée du thé qui défiait la corruption, tel un homme profondément vertueux. Chez les bouddhistes, la secte zen du sud qui avait intégré tant de doctrines taoïstes, a formulé un rituel très élaboré du thé. Les moines se retrouvaient devant une représentation du Bodhidharma et buvaient du thé depuis un bol unique, avec tout le formalisme intense d'un saint sacrement. C'est ce rituel zen qui a fini par donner la cérémonie du thé au Japon au xve siècle.

---

81. Wang Yucheng (954-1001) était un poète chinois originaire de Juye, dans la province du Shandong. Il a occupé un poste gouvernemental et était connu pour ses critiques acérées, ce qui lui a valu d'être banni. Il a été le pionnier du mouvement de réforme de la poésie et de la prose sous la dynastie des Song du Nord.
82. Noté « Sotumpa » dans la version originale. Su Tung-Po (1037-1101) était un poète, écrivain, artiste et homme d'État chinois sous la dynastie des Song. Né dans une famille de lettrés dans l'actuelle province du Sichuan, il est également connu sous les noms de Po Su Shi, Su Shih et Su Dongpo. Il a publié sous le pseudonyme de Dongpo Jushi.

Malheureusement, le soudain soulèvement des tribus mongoles au XIIIe siècle a conduit à la destruction et la conquête de la Chine sous le joug barbare des empereurs Yuan, détruisant tous les fruits de la culture Song. La dynastie indigène des Ming qui a tenté de renationaliser le pays au milieu du XVe siècle a dû faire face à des troubles internes, et la Chine est retombée à nouveau sous la domination étrangère des Mandchous au XVIIe siècle. Les us et coutumes ont tellement changé qu'on n'y retrouvait plus aucune trace des époques précédentes. Le thé en poudre était totalement oublié. Un commentateur Ming est incapable de se souvenir de la forme du petit fouet de bambou utilisé pour battre le thé, tel qu'on le décrit dans les grands classiques de l'époque Song. Le thé est désormais préparé en faisant infuser les feuilles dans un bol ou une tasse d'eau chaude. Le monde occidental est d'ailleurs innocent quant à cette ancienne façon de consommer le thé, puisque le thé s'est révélé en Europe à la toute fin de la dynastie Ming.

De nos jours, le thé chinois reste un délicieux breuvage, mais il n'en est pas l'idéal. Les longs malheurs qui ont ruiné la Chine lui ont enlevé le goût de la signification profonde de la vie. Il est devenu moderne, c'est-à-dire, vieux et désenchanté. Il a perdu cette foi sublime dans les illusions communes à la jeunesse éternelle et la vigueur des poètes et des anciens. Il est éclectique et accepte poliment les traditions de l'univers. Il joue avec la nature, mais ne daigne pas la conquérir ou l'adorer. Sa feuille de thé est souvent fabuleuse grâce à son arôme floral, mais le romantisme des cérémonies Tang et Song ont abandonné sa tasse.

Le Japon, qui a marché dans les pas de la civilisation chinoise, a connu les trois étapes du thé. On peut remonter jusqu'à l'an 729 pour y lire que l'empereur Shōmu[83] offrait du thé à une centaine de moines dans son palais de Nara. Les feuilles étaient probablement importées par nos ambassadeurs auprès de la cour Tang, et préparées selon les coutumes de l'époque. En 801, le moine Saichō[84] a ramené des graines pour les planter au mont Hiei[85]. On fait état de nombreux jardins de thé pendant les siècles qui ont suivi, ainsi que de la passion de l'aristocratie

83. L'empereur Shōmu (701-756) est célèbre pour avoir commandé la statue de seize mètres de haut du Bouddha Vairocana dans le temple Tōdai-ji de Nara.
84. Saichō (767-822) est un moine bouddhiste. Il est connu pour avoir créé la branche du bouddhisme Tendai au Japon.
85. Noté « Yeisan » dans la version originale. Le mont Hiei est une montagne située en partie dans l'est de la ville de Kyoto, aux frontières entre les préfectures de Kyoto et de Shiga.

et du clergé envers ce breuvage. Le thé Song nous est parvenu en 1191, avec le retour de Eisai[86], qui était allé sur place pour étudier l'école zen du Sud. Les nouvelles graines qu'il avait ramenées avec lui ont été plantées avec succès en trois lieux, dont l'un – la région d'Uji, près de Kyoto – est encore considéré de nos jours pour produire le meilleur thé au monde. Le zen du Sud a imposé avec une rapidité incroyable l'idéal du thé et son rituel datant de la dynastie Song. Au XVe siècle, sous le patronage du *shōgun* Yoshimasa Ashikaga[87], la cérémonie du thé est intégralement constituée et déterminée dans sa forme indépendante et séculaire. Depuis, le théisme est solidement établi au Japon. L'utilisation de thé infusé de la Chine ancienne est relativement récente chez nous, puisqu'il ne s'est fait connaître qu'à partir du milieu du XVIIe siècle. Il a ainsi remplacé le thé en poudre dans la consommation quotidienne,

86. Noté « Yeisai-zenji » dans la version originale. Eisai (1141-1215) était un prêtre bouddhiste japonais, qui aurait créé l'école Rinzai, la lignée japonaise de l'école Linji du bouddhisme zen. En 1191, il introduisit cette approche zen au Japon, suite à son voyage en Chine de 1187 à 1191, au cours duquel il fut initié à l'école Linji par le maître Hsü an. On dit également qu'il a popularisé le thé vert au Japon, suite à ce même voyage.
87. Yoshimasa Ashikaga (1436-1490) était le huitième *shōgun* du shogunat Ashikaga qui a régné de 1449 à 1473 pendant la période Muromachi.

même si celui-ci continue à être considéré comme le thé parmi les thés.

C'est dans la cérémonie du thé japonaise qu'on peut voir l'aboutissement des idéaux du thé. Notre résistance victorieuse à l'invasion mongole de 1281 nous a permis de continuer le mouvement Song si malheureusement oublié en Chine du fait des incursions nomades. Le thé est devenu chez nous plus qu'une idéalisation de la forme de boire : c'est une religion qui relève de l'art de la vie. Le breuvage est devenu l'excuse au culte de la pureté et du raffinement, une fonction sacrée à laquelle l'hôte et son invité se joignent afin de produire en cette occasion la plus haute béatitude de la vie mondaine. La chambre de thé constitue une oasis au sein du désert dévasté de l'existence, un point de rencontre où les voyageurs exténués pouvaient se retrouver afin de boire à la source commune de l'amour de l'art. La cérémonie constituait un drame improvisé dont l'intrigue tournait autour du thé, des fleurs et des peintures. Pas une couleur ne venait perturber la tonalité de la pièce, pas un son ne troublait le rythme des choses, pas un geste ne brisait l'harmonie, pas un mot ne faisait vaciller l'unité des alentours, tous les mouvements étaient simples et naturels – tels étaient les buts de la cérémonie du thé. Il était même étrange qu'elle rencontre un tel succès. Une philosophie subtile la sous-tend. Le théisme est un taoïsme déguisé.

III

Taoïsme et zen

Le lien entre le zen et le thé est proverbial. On a déjà fait remarquer que la cérémonie du thé constituait une évolution du rituel zen. Le nom de Lao Tseu, fondateur du taoïsme, est également intimement lié à l'histoire du thé. Il est écrit dans les manuels scolaires chinois à propos des origines des us et coutumes que la cérémonie d'offrande du thé à un invité date de Yin Xi[88], disciple bien connu de Lao Tseu. Il a été le premier, devant le col du Hangu, à proposer au « Vieux Sage » une coupe de l'élixir mordoré. Ne perdons pas notre temps à discuter de l'authenticité de ces contes,

88. Noté « Guan Yin » dans la version originale. Selon la légende chinoise, de Yin Xi, un astrologue et le gardien du col de Hangu, aurait demandé à Lao Tseu de lui donner son enseignement, notes qui seraient devenues le *Tao-Te-King*.

qui sont tous très importants car ils permettent de confirmer l'usage ancien du breuvage par les taoïstes. Notre intérêt envers le taoïsme et le zen réside principalement dans leurs idées touchant à la vie et à l'art, et qui sont si présentes dans ce que nous nommons le théisme.

Il est à regretter que, malgré tout, il n'existe pas de présentation précise des doctrines taoïstes et zen en langue étrangère, même s'il y a eu certaines tentatives respectables en ce sens.[89]

La traduction est une trahison, et comme le remarque un auteur Ming, elle est, au mieux, l'envers d'un brocart : tous les fils sont là, mais il ne reste rien de la subtilité de la couleur ou du dessin. Mais, après tout, quelle grande doctrine serait possible à exposer ? Les vieux sages ne mettaient jamais leurs enseignements dans une forme systématique. Ils parlaient en paradoxes, de peur d'exprimer des demi-vérités. Ils parlaient au départ comme des fous, et finissaient par rendre leurs auditeurs plus sages. Lao Tseu en personne, avec son humour pince-sans-rire, disait :

---

89. Si en 1906, il existait peu de sources, il est aujourd'hui aisé d'accéder en français ou en anglais aux présentations de ces doctrines.

> Quand les lettrés inférieurs ont entendu parler du Tao, ils le tournent en dérision.
> S'ils ne le tournaient pas en dérision, il ne mériterait pas le nom de Tao.[90]

De manière littérale, le Tao désigne la Voie. Il a été souvent traduit par le Chemin, l'Absolu, la Loi, la Nature, la Raison Suprême, le Mode, ce qui n'est pas en soi incorrect, puisque l'utilisation du terme par les taoïstes diffère selon l'objet de la recherche. Lao Tseu en personne affirmait à ce propos :

> Il est un être confus qui existait avant le ciel et la terre.
> Ô qu'il est calme ! Ô qu'il est immatériel !
> Il subsiste seul et ne change point.
> Il circule partout et ne périclite point.
> Il peut être regardé comme la mère de l'univers.
> Moi, je ne sais pas son nom.
> Pour lui donner un titre, je l'appelle Voie (Tao).
> En m'efforçant de lui faire un nom, je l'appelle grand.
> De grand, je l'appelle fugace.

---

90. Tseu Lao, *Tao-Te-King, Le livre de la Voie et de la Vertu*, Librio, 2021, traduction de Stanislas Julien, chap. XLI, p. 31.

De fugace, je l'appelle éloigné.
D'éloigné, je l'appelle (l'être) qui revient.[91]

Le Tao est dans le Passage plutôt que dans le Chemin. C'est l'esprit du Changement Cosmique – l'éternelle croissance qui revient sur elle-même afin de produire de nouvelles formes. Elle s'enroule sur elle-même comme le dragon, ce symbole chéri des taoïstes. Elle se plie et se déplie comme les nuages. Le Tao peut être assimilé à la Grande Transition. Subjectivement, elle est la Manière d'Être de l'Univers. Son Absolu est le Relatif.

N'oublions pas qu'au départ le taoïsme, comme son successeur légitime qu'est le zen, représente l'inclinaison individualiste de l'esprit chinois méridional, en opposition au communisme de la Chine septentrionale reflété par le confucianisme. L'empire du Milieu est aussi vaste que l'Europe, et ses différentes idiosyncrasies sont symbolisées par les deux grands fleuves qui le traversent. Le Yangtsé et le fleuve Jaune[92] sont, respectivement, les équivalents de la mer Méditerranée et de la mer Baltique. De nos jours encore, malgré les siècles

91. Tseu Lao, *op. cit.*, chap. XXV, p. 31.
92. Noté « Huang-He » dans la version originale.

d'unification, les Célestes[93] du sud diffèrent autant, en termes de pensées et de croyances, de leurs frères du nord que la race latine diffère des Teutons. Dans des temps anciens, quand la communication était encore plus difficile qu'actuellement, et surtout à la période féodale, cette différence philosophique était encore plus prononcée. L'art et la poésie des uns respiraient une atmosphère totalement différentes de celles des autres. Chez Lao Tseu et ses disciples, tout comme chez Huang Tingjian[94], le précurseur des poètes naturalistes du Yang-Tsé-Kiang, on retrouve un idéalisme peu en phase avec les notions éthiques prosaïques des écrivains septentrionaux de l'époque. Lao Tseu vivait cinq siècles avant l'ère chrétienne.

Le germe de la spéculation taoïste remonte à bien avant la venue de Lao Tseu, surnommé Longues-Oreilles[95]. Les annales anciennes de la Chine, surtout

93. L'empire chinois était également appelé l'empire céleste. Par extension, « céleste » renvoie aux habitants de la Chine.
94. Noté « Kutsugen » dans la version originale, transcription japonaise de Huang Tingjian. Il fut un calligraphe, peintre et poète chinois de la dynastie Song. Il était considéré comme l'un des pionniers des poètes de la vallée du Jiangxi.
95. Lao Tseu serait un surnom, pseudonyme d'un homme dont le nom de famille serait Li, le prénom Eul, et l'appellation Tan. *Eul* signifie « Oreilles » tandis que *Tan* signifie « Longues » d'où son surnom de Longues-Oreilles.

le *Livre des changements*[96], en contiennent les premiers souffles. Le grand respect accordé aux lois et coutumes de cette période classique de la civilisation chinoise – qui a culminé avec l'établissement de la dynastie Zhou au XIIe siècle avant Jésus-Christ – s'est longtemps dressé contre l'individualisme. Il a fallu attendre la désintégration de la dynastie Zhou et l'établissement d'innombrables royaumes indépendants pour que le taoïsme puisse s'épanouir dans la luxuriance de la libre-pensée. Lao Tseu et Tchouang-tseu[97] étaient tous deux originaires du sud et les plus grands apôtres de la Nouvelle École. D'autre part, Confucius et ses nombreux disciples ont tenté de conserver les conventions séculaires. Le taoïsme ne peut être compris correctement sans connaître le confucianisme, et réciproquement.

L'Absolu taoïste est le Relatif, comme nous l'avons expliqué plus haut. En termes d'éthique, les taoïstes refusaient les lois et les codes moraux de la société, car pour eux le bien et le mal restaient des valeurs relatives. Définir, c'est limiter : « fixe » et

96. Plus connu sous le nom de *Yi-King ou Yi-Jing*.
97. Noté « Soshi » dans la version originale et transcription japonaise de Tchouang-tseu. Ce dernier est un penseur chinois du IVe siècle av. J.-C. à qui l'on attribue la paternité d'un texte essentiel du taoïsme appelé de son nom, le *Zhuangzi*, ou encore le *Classique véritable de Nanhua*.

« immuable » sont des termes qui expriment juste un arrêt du développement. Huang Tingjian affirmait : « Les Sages font bouger le monde. » Nos modèles de moralité sont nés des besoins passés de la société, mais cette société n'évolue-t-elle pas ? Le respect des traditions communes implique un sacrifice de chaque instant de l'individu à l'État. L'éducation, afin d'entretenir une telle illusion, encourage l'ignorance. On n'enseigne pas aux élèves à être vertueux, mais à se conduire correctement. Nous sommes mauvais parce que nous sommes effroyablement conscients de nous-mêmes. Nous nourrissons notre conscience car nous avons peur de dire la vérité à notre prochain ; nous nous parons d'orgueil car nous avons peur de nous avouer la vérité. Comment pouvons-nous prendre au sérieux le monde alors qu'il est lui-même si ridicule ? On ne fait que marchander. Honneur ! Chasteté ! Le marchand rusé prétend vendre le Bien et le Vrai au kilo. On peut même lui acheter une prétendue religion, cette moralité si commune qu'on sanctifie de fleurs et de musique. Volez donc l'Église et ses babioles : que reste-t-il ensuite ? Alors, oui, l'espoir prospère plus que jamais, car son prix est absurdement bas : une prière en échange d'un aller pour le ciel ; un diplôme pour une nationalité honoraire. Courez donc vous cacher sous un buisson, car vous pourriez bien être adjugé au plus offrant par un commissaire-priseur bradant votre véritable utilité. Pourquoi les hommes et les femmes aiment-ils tant se vendre ? N'est-ce pas un instinct né de l'époque de l'esclavage ?

La virilité de l'idée réside autant dans sa capacité à se frayer un passage à travers la pensée contemporaine qu'à dominer les mouvements ultérieurs. Le taoïsme a été une puissance active durant la dynastie Qin, qui marque l'époque de l'unification chinoise qui a donné ensuite le nom « Chine » au pays. Il serait intéressant, si nous en avions le loisir, de souligner son influence sur les penseurs, les mathématiciens, les légistes et les historiens de la guerre, les mystiques et les alchimistes ou les poètes naturalistes du Yang-Tsé-Kiang contemporains. Nous ne devrions pas oublier non plus ces spéculateurs de la réalité[98] qui se demandaient si un cheval blanc existait réellement parce qu'il était blanc ou parce qu'il était solide, pas plus que les Conversationnalistes[99] des Six Dynasties qui, comme les philosophes zen, passaient leur temps

98. L'auteur fait référence à L'École des Noms. Voir les écrits de Gongsun Long.
99. Fait référence à la philosophie Qingtan ou pure conversation, activité de débats philosophiques ou de joutes oratoires.

à discuter du Pur et de l'Abstrait. Nous devons par-dessus tout rendre hommage au taoïsme car il a permis la formation du caractère céleste, en lui donnant une certaine capacité de retenue et de raffinement, aussi « chaude que le jade ».

L'histoire chinoise regorge d'anecdotes soulignant comment les adeptes du taoïsme, princes et ermites par exemple, pratiquaient les préceptes de leur croyance avec des résultats divers et variés. Ce serait un récit riche en anecdotes, en allégories et en aphorismes. Nous pourrions entrer directement en contact avec ce délicieux empereur jamais mort puisqu'il n'avait jamais vécu. Nous pourrions enfourcher le vent avec Lie Tseu[100], et nous trouverions cela très reposant, car nous sommes le vent. Nous pourrions nous loger dans les airs en compagnie du vieux fleuve Jaune, qui a toujours vécu entre le Ciel et la Terre car il n'était sujet ni de l'un, ni de l'autre. Même dans la forme grotesque de l'apologie du taoïsme que la Chine actuelle promeut, nous pourrions nous délecter d'une myriade

100. Lie Tseu (-450 -375 av. J.-C.) aussi appelé Lie Zi ou Lie Yukou, est un sage de la période des Printemps et des Automnes ou des Royaumes combattants, cité dans le *Zhuangzi* et les *Annales de Lü*, devenu un personnage important du taoïsme. La tradition lui attribue la rédaction du *Lie Zi*, recueil de fables philosophiques, l'un des trois grands classiques taoïstes.

d'images impossibles à dénicher dans une autre religion.

C'est dans le domaine de l'esthétique que le taoïsme a principalement contribué à la vie asiatique. Les historiens chinois ont toujours évoqué le taoïsme comme « l'art d'être au monde », car il traite du présent, c'est-à-dire de nous-mêmes. C'est en nous que Dieu rencontre la Nature, et qu'hier se distingue de demain. Le Présent est l'Infini en mouvement, la sphère légitime du Relatif. La Relativité cherche son Adaptation ; l'Adaptation est l'Art. L'art de la vie consiste en un réajustement permanent à ce qui nous entoure. Le taoïsme accepte le monde tel qu'il est, contrairement au confucianisme ou au bouddhisme. Il tente de trouver de la beauté dans notre monde de malheur et de déception. L'allégorie Song des trois goûteurs de vinaigre explique admirablement bien les trois doctrines. Shakyamuni, Confucius et Lao Tseu se sont un jour trouvés devant une jarre de vinaigre – emblème de la vie –, et chacun y a trempé son doigt afin de goûter la mixture. Confucius, toujours direct, l'a trouvé aigre, le Bouddha, amer, et Lao Tseu, doux.

Les taoïstes prétendaient que la comédie de la vie pouvait être rendue plus intéressante si chacun préservait l'unité. Afin de garder une certaine proportion aux choses et de faire de la place aux autres sans pour autant perdre la sienne, voilà le secret du succès dans ce drame que constitue la vie. Nous devons avoir une vision d'ensemble de cette pièce tragique afin de pouvoir jouer au mieux notre rôle. La totalité ne doit pas être dissoute dans l'individu. Lao Tseu l'illustre avec sa métaphore préférée, celle du vide. Il affirme que seul le vide révèle l'essentiel. La réalité d'une pièce, par exemple, se trouve dans l'espace vide contenu entre ses murs et le toit, pas dans les murs et le toit en eux-mêmes. L'utilité d'un pichet d'eau réside dans le vide où l'on peut verser l'eau, pas dans la forme du pichet ou dans son matériau. Le vide est tout-puissant car il peut contenir. C'est dans le vide uniquement que le mouvement est possible. Celui qui saurait faire de lui-même un vide où les autres pourraient pénétrer librement deviendrait le maître de toutes les situations. Le tout domine toujours la partie.

Ces idées taoïstes ont énormément influencé nos théories de l'action, même celles portant sur l'escrime et la lutte. Le jiu-jitsu, l'art japonais de l'auto-défense, doit son nom à un passage du *Tao-Te-King*. Dans le jiu-jitsu, on cherche à attirer l'ennemi pour lui aspirer sa force grâce à une forme de non-résistance, c'est-à-dire de vide, tout en conservant sa propre force pour finir victorieux lors de la lutte finale[101]. En art, le même principe se démontre par la valeur de la suggestion. En laissant un non-dit, l'artiste offre au spectateur la possibilité de compléter soi-même l'idée, et un chef-d'œuvre retient irrésistiblement votre attention jusqu'à ce que vous pensiez en faire partie. Un vide vous permet de pénétrer dans l'œuvre et de la remplir de votre émotion esthétique.

Pour les taoïstes, celui qui fait de soi un maître de l'art de la vie est l'Homme Véritable. À sa naissance, il pénètre le royaume des rêves pour ne s'éveiller à la réalité qu'à sa mort. Il tempère son propre éclat afin de se mêler à l'obscurité des autres. Il « avance à reculons, comme celui qui veut traverser un ruisseau en hiver ; hésitant, comme celui qui craint son voisinage ; respectueux, comme un invité ; tremblant, comme la glace qui va fondre ; modeste, comme un morceau de bois pas encore sculpté ; vide, comme une vallée ; informe, comme une eau trouble. » Pour lui, les trois joyaux de la vie sont la pitié, l'économie et la modestie.

Revenons au zen et nous constatons qu'il renforce les enseignements du taoïsme. Le mot zen

---

101. Cité par Lafcadio Hearn, *Out of the East and Kokoro*, Boston, Houghton Mifflin, 1922, p. 144.

provient du terme sanscrit « dhyāna », qui signifie méditation. Le zen affirme que l'on peut atteindre la réalisation suprême de soi via la méditation sacrée. La méditation est l'une des six manières d'atteindre l'état de Bouddha, et les sectes zen affirment que Shakyamuni insistait particulièrement sur cette méthode à la fin de sa vie, confiant les règles à son disciple favori, Kashyapa[102]. Selon leur tradition, Kashyapa, le premier patriarche zen, aurait confié le secret à Ananda[103], qui l'aurait ensuite passé aux patriarches successifs, jusqu'à ce qu'il atteigne Bodhidharma, vingt-huitième de la lignée. Bodhidharma est arrivé en Chine septentrionale dans la première moitié du VIe siècle, et il a été le premier patriarche zen chinois. Il existe de nombreuses zones d'ombre quant à l'histoire de ces patriarches et de leurs doctrines. Du point de vue philosophique, le zen primitif semble être lié d'un côté au négativisme indien de Nāgārjuna[104],

---

102. Kashyapa ou Mahakashyapa est l'un des dix plus importants disciples de Shakyamuni. Il était considéré comme le premier patriarche dans un certain nombre des premières écoles bouddhistes et a continué à jouer un rôle important en tant que patriarche dans les traditions zen.

103. Ananda était l'un des dix principaux disciples du Bouddha dont il fut l'assistant personnel pendant vingt-cinq ans.

104. Nāgārjuna, ou Nagardjouna est un moine, philosophe, écrivain bouddhiste indien (IIe-IIIe siècle), fondateur et le plus

et de l'autre à la philosophie Gnan édictée par Sankaracharya[105]. La première prédication du zen telle que nous la connaissons aujourd'hui doit être attribuée au sixième patriarche chinois, Huineng[106], fondateur du zen du Sud, ainsi nommé à cause de sa prédominance dans le sud de la Chine. Il a été immédiatement suivi par le grand Mazu Daoyi[107], qui a fait du zen une influence vivante dans la vie du peuple céleste. Baizhang Huaihai[108], lui-même disciple de Mazu Daoyi, a fondé le premier monastère zen, et il en a établi les rituels et les règles de

---

grand théoricien de l'école Madhyamaka, la Voie du Milieu. L'essentiel de l'œuvre de Nāgārjuna consista à présenter, expliquer et démontrer l'enseignement de la Vacuité contenu dans les sutras Prajnāpāramitā.

105. Adi Shankaracharya (VIIIe siècle de notre ère), également appelé Adi Shankara était un érudit et enseignant (*acharya*) védique indien, dont les œuvres présentent une lecture harmonisante des *sastras*, avec au cœur la connaissance libératrice du soi, synthétisant les enseignements du Vedanta Advaita de son époque.

106. Noté « Yeno » dans la version originale et transcription en japonais de Huineng (637-713). Il fut le sixième patriarche du zen en Chine et fondateur du zen subitiste, dit « zen du sud ».

107. Noté « Baso » dans la version originale et transcription en japonais de Mazu Daoyi (709-788). Il était un moine influent du bouddhisme zen pendant la dynastie Tang.

108. Noté « Hiakujo » dans la version originale et transcription en japonais de Baizhang Huaihai (719-814). Il était un maître zen durant la dynastie Tang. Originaire de Fuzhou, il était l'héritier du dharma de Mazu Daoyi.

sa gouvernance. Dans les discussions de l'école zen après Mazu Daoyi, on peut retrouver l'esprit du Yang-Tsé-Kiang et sa façon naturaliste de réfléchir, bien loin de l'idéalisme indien précédent. Bien que l'orgueil sectaire affirme le contraire, on ne peut s'empêcher d'être frappé par la similitude entre le zen du Sud et les enseignements de Lao Tseu, ainsi que des Conversationnalistes taoïstes. Dans le *Tao-Te-King*, on retrouve des allusions à l'importance de la concentration de soi, ainsi que le besoin de régler sa respiration : des points essentiels dans la pratique de la méditation zen. Certains des meilleurs commentaires à propos du livre de Lao Tseu ont été écrits par les érudits zen.

Le zen, comme le taoïsme, est une célébration de la Relativité. Un maître définit ainsi le zen comme l'art de ressentir l'étoile polaire dans le ciel du sud. La vérité ne peut être atteinte que par la compréhension des contraires. Là encore, le zen, comme le taoïsme, est un défenseur acharné de l'individualisme. Rien n'est réel, si ce n'est ce qui concerne le fonctionnement de nos propres esprits. Huineng, le sixième patriarche, a vu un jour deux moines en train d'observer le drapeau d'une pagode flotter au vent. L'un d'eux a dit : « C'est le vent qui le fait bouger ». L'autre a répondu : « C'est le drapeau qui bouge lui-même. » Huineng leur a alors expliqué que le mouvement réel n'était ni celui du vent, ni celui du drapeau, mais de quelque chose contenu dans leur esprit. Baizhang Huaihai marchait dans la forêt avec un disciple quand un lièvre a détalé à leur approche. « Pourquoi ce lièvre te fuit-il ? » a demandé Baizhang Huaihai. « Parce qu'il a peur de moi, » a répondu le disciple. « Non, » a dit le maître, « c'est parce que tu as un instinct meurtrier. » Le dialogue rappelle celui de Tchouang-tseu, le taoïste. Un jour, Tchouang-tseu marchait le long d'une rivière, accompagné d'un ami. « Comme les poissons semblent être heureux dans cette eau ! » s'est exclamé Tchouang-tseu. Son ami lui a répondu : « Vous n'êtes pas un poisson ; comment pourriez-vous savoir ce que ressentent les poissons ? ». Tchouang-tseu lui a rétorqué : « Vous n'êtes pas moi ; comment pourriez-vous savoir que je ne sais pas ce que ressentent les poissons ? »

Le zen a souvent été opposé aux préceptes du bouddhisme orthodoxe, tout comme le taoïsme est opposé au confucianisme. Afin de comprendre l'enseignement transcendantal du zen, les mots ne font que bloquer la pensée ; toute la somme des écritures bouddhistes ne sont que des commentaires sur la spéculation personnelle. Les disciples du zen désiraient une communion directe avec la nature personnelle des choses, et considéraient leurs accessoires extérieurs comme des obstacles à une vision claire de la Vérité. C'est cet amour de l'Abstrait qui a conduit le zen à préférer les esquisses en noir et blanc aux peintures soigneusement colorées de l'école bouddhiste classique. Certains adeptes du zen sont même devenus iconoclastes, de par leur volonté de reconnaître le Bouddha en eux, plutôt que dans les images et les symboles. Un jour d'hiver, Tan-hsia T'ien-jan[109] s'est retrouvé à briser une statue en bois de Bouddha afin d'allumer un feu. « Quel sacrilège ! » s'exclame un spectateur horrifié. « J'aimerais extraire des cendres les *sharîra*[110]

109. Noté « Tankawaosho » dans la version originale et transcription japonaise de Tan-hsia T'ien-jan (739-834) ; Tanka Tennen peut parfois être trouvé. On ne sait rien de ses débuts, si ce n'est qu'il étudia le confucianisme et projeta de devenir un fonctionnaire d'État, mais en chemin fut détourné par un moine zen qui lui conseilla qu'il serait plus sage de chercher à devenir un bouddha, et l'envoya à Ma-tsu. Après sa formation avec Shih-t'ou, il retourna à Ma-tsu, et lorsqu'on lui demanda ce qu'il avait appris, il s'assit sur les épaules d'une image de Manjushri. Les moines furent outrés, mais Ma-tsu répondit : « Mon fils, tu es tout à fait naturel » – d'où son nom monastique de T'ien-jan, « le naturel ». Il est resté célèbre pour son comportement non conventionnel.

110. Qui fait référence aux bijoux précieux formés dans le corps des bouddhas après la crémation. Synonyme de reliques.

qu'elle contient, » répond calmement le zen. « Mais vous n'arrivez pas à sortir les *sharîra* de cette représentation ! » lui rétorque-t-on avec fureur. Tan-hsia T'ien-jan répond à son tour : « Si je n'y arrive pas, alors ce n'est certainement pas un Bouddha que je suis en train de brûler, et je n'aurais donc pas commis de sacrilège ! » Puis il s'est tourné vers les flammes du foyer afin de se réchauffer.

L'une des contributions particulières du zen à la pensée orientale est d'accepter que le trivial soit aussi important que le spirituel. Pour le zen, il n'y a pas de distinction à faire entre le petit et le grand, car un atome possède des possibilités égales à celles de l'univers tout entier. Celui qui est en quête de perfection doit découvrir dans sa propre vie le reflet de sa lumière intérieure. L'organisation du monastère zen apporte de nombreuses réponses sur ce point. Chaque membre, sauf le supérieur, se voit hériter d'une tâche particulière dans l'entretien du monastère, et étrangement, les tâches les moins lourdes reviennent aux novices, tandis que les moines les plus respectés et les plus éduqués s'attellent aux tâches les plus fatigantes et les plus humiliantes. Ces devoirs font partie de la discipline zen, et chaque action doit être accomplie de manière absolument parfaite. De profondes discussions pouvaient ainsi se tenir pendant le jardinage, en raclant les navets ou en servant le thé. Tout l'idéal du théisme correspond à l'aboutissement de cette conception zen qui veut que la grandeur se retrouve dans les plus petits incidents de la vie quotidienne. Le taoïsme a apporté la base des idéaux esthétiques; le zen les a rendus pratiques.

IV

La chambre de thé

Pour les architectes européens éduqués dans les traditions de la construction en pierre ou en briques, notre méthode japonaise de bâtir avec du bois et du bambou peut passer pour indigne d'être traitée comme de l'architecture. Il a fallu attendre fort récemment pour qu'un expert occidental reconnaisse et rende hommage à la perfection remarquable de nos splendides temples. Si notre architecture classique est ainsi traitée, comment espérer que l'étranger puisse apprécier la beauté subtile de la chambre de thé, ses principes de construction et de décoration étant aux antipodes de ceux de l'Occident ?

La chambre de thé (ou *sukiya*) ne prétend pas être autre chose qu'une petite maison – une hutte de paille, comme on dit par ici. Les idéogrammes d'origine de *sukiya* peuvent être traduits par « maison de fantaisie ». Les divers maîtres de thé ont substitué divers caractères chinois, selon leur conception de la chambre de thé, et le terme *sukiya* peut désormais signifier « maison du vide » ou « maison de l'asymétrie ». Elle est maison de fantaisie car elle n'est que construction éphémère qui donne l'asile à la pulsion poétique. Elle est maison du vide car elle est dénuée d'ornements, sauf ce qu'on peut y placer afin de satisfaire un besoin esthétique passager. Elle est maison d'asymétrie car elle est consacrée à la vénération de l'imparfait, et qu'on y laisse toujours quelque chose d'inachevé que l'imagination s'amuse ensuite à compléter. Les idéaux du théisme ont influencé notre architecture depuis le XVIe siècle à un tel degré que l'intérieur japonais ordinaire de notre époque peut paraître nu et vide aux étrangers, notamment à cause de l'extrême simplicité et dénuement de sa décoration.

La première chambre de thé indépendante a été créée par Sen no Rikyū, mieux connu sous son nom, Rikyū, considéré comme le plus grand des maîtres de thé et qui, au XVIe siècle, sous l'égide du *taikō* Hideyoshi, a formalisé les règles de la cérémonie du thé et les a portées au plus haut degré de perfection. Les proportions de la chambre de thé avaient été déjà déterminées par Jukō Murata[111] – un maître de thé célèbre du XVe siècle. Les premières chambres de thé consistaient en une partie d'un salon ordinaire, séparée par un jeu de paravents. La partie ainsi délimitée était appelée le *kakoi* (l'enclos), un terme encore usité pour ces chambres de thé construites dans une maison, et non pas comme des constructions indépendantes. Le *sukiya* est composé d'une chambre de thé à part entière, pouvant accueillir cinq personnes tout au plus, un nombre qui rappelle le proverbe : « plus que les Grâces, moins que les Muses »[112] ; d'une antichambre (*mitsuya*) où les ustensiles nécessaires au thé sont lavés et rangés avant d'être amenés aux convives ; d'un portique (*machiai*), au sein duquel les invités attendent avant d'être conviés à pénétrer dans la chambre de thé ; d'une allée (*rōji*) qui relie le *machiai* à la chambre de thé. La chambre de thé est d'apparence ordinaire. Elle est plus petite que la plus petite des maisons japonaises, et les matériaux qui la constituent

111. Noté « Jowo » dans la version originale. Jukō Murata (1423-1502) est connu comme étant le fondateur de la cérémonie du thé japonaise. Il fut le premier à développer le style *wabi-cha* de dégustation du thé en utilisant des ustensiles japonais indigènes.

112. Les Grâces étaient trois, les Muses, neuf.

doivent donner une impression de pauvreté raffinée. N'oublions d'ailleurs pas qu'elle est le résultat d'une pensée artistique profonde, et que ces détails ont été savamment élaborés, avec peut-être encore plus d'attention que les palais et les temples les plus rutilants. Une bonne chambre de thé coûte plus cher qu'une maison normale, car le choix de ses matériaux ainsi que sa construction demandent un soin et une précision immenses. Les charpentiers employés par les maîtres de thé forment une classe à part et largement considérée des artisans, leur travail étant tout aussi délicat que celui des concepteurs de meubles laqués.

La chambre de thé est non seulement différente de toute autre œuvre de l'architecture occidentale, mais marque aussi un large contraste avec l'architecture japonaise classique. Les anciens édifices de la noblesse, qu'ils soient civils ou religieux, ne sont pas à dédaigner, même du point de vue de leurs simples proportions. Le peu qui en a été épargné lors des désastreux conflits des siècles passés est toujours capable de nous étonner par sa grandeur et la richesse de son décorum. De larges piliers en bois de près d'un mètre de diamètre, et d'une dizaine de mètres de haut, supportaient, grâce à un réseau complexe de crochets, d'énormes poutres gémissant sous le poids des toits en tuile. Les matériaux et le mode de construction offraient une faible résistance au feu, mais tenaient face à de grands tremblements de terre et convenaient parfaitement aux climats du pays. La salle dorée du temple Hōryu-ji et la pagode du Yakushi-ji incarnent parfaitement cette durabilité de notre architecture en bois. Ces constructions sont restées quasiment intactes pendant près de douze siècles. L'intérieur des vieux temples et palais étaient richement décorés. Dans le pavillon Hōōdo[113] à Uji, qui date du xe siècle, on peut encore admirer la canopée et les baldaquins dorés, ornés de miroirs richement incrustés et nacrés, ainsi que des restes de peintures et de sculpture qui couvraient auparavant les murs. Plus tard, à Nikkô et dans le château de Nijō à Kyoto, on pourra voir que la beauté structurelle a été sacrifiée au profit d'une ornementation somptueuse qui, dans sa couleur et ses exquis détails, rappelle la plus grande richesse des œuvres arabes ou mauresques.

La simplicité et le purisme de la chambre de thé sont le produit de l'émulation créée par les monastères zens. Un monastère zen diffère de ceux des autres sectes bouddhistes car il est avant tout

113. Situé dans le temple Byōdō-in.

pensé pour tenir lieu d'habitation pour les moines. Sa chapelle n'est pas un lieu de culte ou de pèlerinage, mais une salle d'étude où les élèves se retrouvent pour discuter et méditer. Son seul ornement est une alcôve centrale située juste derrière l'autel, où se trouve une statue du Bodhidharma, fondateur de la secte, ou de Shakyamuni entouré de Kashyapa et d'Ananda, qui sont les deux premiers patriarches zen. Sur l'autel sont disposés des fleurs et de l'encens, en mémoire des grandes contributions qu'ont offert ces sages au zen. Comme nous l'avons déjà souligné, c'est le rituel institué par les moines zen – boire du thé dans un bol, devant la représentation du Bodhidharma – qui a posé les fondations de la cérémonie du thé. Ajoutons aussi que l'autel de la chapelle zen a été le modèle du *tokonoma*: la place d'honneur des pièces japonaises, là où peintures et fleurs sont disposées pour accueillir les invités.

Tous nos grands maîtres de thé ont été adeptes du zen et ont voulu introduire l'esprit du zen dans la vie quotidienne. Ainsi, la chambre de thé, comme tous les autres objets nécessaires à la cérémonie du thé, reflète bon nombre de doctrines zen. La taille admise d'une chambre de thé, qui est de quatre nattes et demie ou dix mètres carrés environ, est déterminée par un passage du sutra de Vikramāditya[114]. Dans cet ouvrage remarquable, Vikramāditya accueille un jour le saint Manjushri[115] ainsi que quatre-vingt-quatre mille disciples du Bouddha dans une pièce de cette taille. Cette allégorie provient de la théorie de la non-existence de l'espace pour ceux qui connaissent véritablement l'illumination. Là encore, le *rōji* – l'allée qui traverse le jardin pour mener au *machiai* de la chambre de thé – symbolise la première étape de la méditation, et le passage à l'auto-illumination. Le *rōji* était censé rompre le lien avec le monde extérieur, en amenant une sensation de fraîcheur et préparer le visiteur aux joies purement esthétiques de la chambre de thé. Quiconque a déjà foulé cette allée de jardin se souvient combien son esprit, alors qu'il avance dans la pénombre du crépuscule sur des pierres rugueuses recouvertes d'un matelas d'épines de pins séchées, et qu'il passe près des lanternes en granite couvertes de mousse, s'élève au-dessus de l'ordinaire et du quotidien. Peut-être vous trouvez-vous en plein cœur d'une ville, mais ici vous avez la sensation d'être dans une

---

114. Vikramāditya est un roi légendaire d'Ujjain, célèbre pour sa sagesse et sa magnanimité. Il aurait vécu au Ier siècle av. J.-C.
115. Manjushri est un bodhisattva associé à la *prajñā* (sagesse) dans le bouddhisme Mahāyāna.

forêt, bien loin du bruit et de la fureur de la civilisation. Les maîtres de thé ont su faire preuve d'une grande ingéniosité afin de produire ces sensations de sérénité et de pureté. Ces sensations ainsi réveillées au passage du *rōji* variaient selon les maîtres de thé. Pour certains comme Rikyū, c'était la sensation de solitude la plus complète qui était recherchée, car pour eux le secret du *rōji* était contenu dans une vieille comptine :

> Je regarde au-delà ;
> Aucunes fleurs alentour
> Ni de feuilles colorées.
> Au bord de la mer
> Une maison isolée
> Dans la lumière vacillante
> D'un soir d'automne.[116]

D'autres comme Enshū Kobori[117] désiraient un autre effet. Enshū disait que l'idée du *rōji* était expliquée dans ces quelques vers :

---

116. Poème composé par Fujiwara no Teika (1162-1241), un anthologiste, calligraphe, critique littéraire, romancier, poète et scribe japonais.
117. Masakazu Kobori (1579-1647), dit Enshū Kobori. Maître de thé reconnu, ancien élève de Oribe Furuta dont il prend la suite, il fut le professeur du *shōgun* Iemitsu Tokugawa.

Un bosquet d'arbres d'été
Un morceau de mer
Une pâle lune du soir.[118]

Il est facile de comprendre le sens de ces mots. Il voulait ainsi créer l'attitude d'une âme récemment éveillée qui errait encore parmi les rêves brumeux du passé, et baignant toujours dans la douce inconscience d'une lumière spirituelle réconfortante, aspirant à la liberté qui l'attend au-delà.

Ainsi préparé, l'invité s'approchera silencieusement du sanctuaire, et s'il est un samouraï, laissera son sabre sur le râtelier placé sous l'avant-toit, car la chambre de thé est avant tout une maison de paix. Ensuite, il se courbera très bas et se faufilera à l'intérieur de la pièce à travers une petite porte d'un mètre tout au plus de hauteur. Ce rituel qui incombe à tous les invités, de caste haute ou basse, inculque l'humilité. L'ordre de préséance ayant été fixé par accord mutuel entre les invités durant leur arrêt au niveau du *machiai*, ils entreront l'un après l'autre, sans faire le moindre bruit, et ils s'installeront à leur place après avoir salué la peinture ou

118. Kobori Enshū, 夕月夜 (Soirée au clair de lune) extrait de 茶話指月集 (Les discussions de thé et la collection au clair de lune), date inconnue.

les fleurs qui ornent le *tokonoma*. L'hôte n'entrera pas dans la pièce tant que tous ses invités ne sont pas installés et que le calme ne règne pas totalement. Le silence est absolu, si ce n'est le bruit de l'eau qui frémit dans la bouilloire en fer. Cette bouilloire chante doucement, car les morceaux de fer sont disposés au fond afin de créer une mélodie particulière, où l'on peut distinguer les échos d'une cataracte étouffée par les nuages, d'une mer lointaine s'écrasant sur les rochers, d'une averse balayant une forêt de bambous ou les soupirs des pins d'une colline éloignée.

Même en pleine journée, la lumière de la pièce est amortie par l'avant-toit en pente qui laisse pénétrer quelques rares rayons de soleil. Tout y est sobre, du sol au plafond ; les invités doivent s'habiller de manière discrète, en évitant les couleurs vives. La patine du temps est visible, tout objet récent n'y a pas sa place, si ce n'est le contraste de la longue cuiller de bambou et de la serviette de toile, neuves et à la blancheur immaculée. Aucun grain de poussière ne doit être visible, même dans le coin le plus sombre de la pièce : si c'est le cas, c'est que l'hôte n'est pas un maître de thé. L'une des qualités premières du maître de thé est de savoir nettoyer et balayer, car il y a bien sûr un véritable art dans la propreté et la netteté. On ne doit pas traiter un objet ancien en métal avec le zèle inconsidéré d'une femme au foyer hollandaise. Si de l'eau s'écoule d'un vase à fleurs, on peut laisser perler ces gouttes car elles évoquent la douceur et l'humidité.

Une anecdote à propos de Rikyū illustre parfaitement l'idée de propreté telle que l'envisagent les maîtres de thé. Rikyū observait son fils Shōan[119], occupé à balayer et arroser l'allée du jardin. « Ce n'est pas encore assez propre », a dit Rikyū quand Shōan pensait avoir fini sa tâche. Il lui a ordonné de recommencer. Après une heure de plus, le fils s'est tourné vers Rikyū : « Père, je ne peux pas en faire plus. Les escaliers ont été lavés pour la troisième fois, les lanternes en pierre et les arbres ont été parfaitement arrosés, la mousse et le lichen sont d'une verdoyance splendide ; il n'y a pas un branchage ou une feuille au sol. » Le maître de thé lui a répondu : « Jeune idiot, ce n'est pas ainsi qu'une allée de jardin devrait être nettoyée. » En

---

119. Shōan aussi appelé Sen Shōan (1546-1614) est en réalité le beau-fils de Rikyū et devient son fils adoptif lorsqu'il se marie avec Okame, la fille de Rikyū. Shōan avait le même âge que le fils aîné de Rikyū, Sen Dōan, mais son habilité dans la cérémonie de thé était beaucoup plus réputée que celle de Dōan.

prononçant ces mots, Rikyū est entré dans le jardin, a secoué un arbre et a fait tomber tout autour une pluie de feuilles mordorées, manteau flamboyant de l'automne ! Ce que Rikyū désirait n'était pas la propreté mais la beauté de la nature.

Le nom de « maison de la fantaisie » induit une structure devant satisfaire les exigences artistiques de tout un chacun. La chambre de thé est faite pour le maître de thé, et non l'inverse. Elle n'est pas destinée à la postérité, puisqu'elle est éphémère. L'idée que chacun devrait posséder sa maison à soi provient d'une des coutumes les plus anciennes de la race japonaise : selon la superstition *shintō*, tout habitat doit être évacué à la mort de son principal habitant. Peut-être existe-t-il une raison inconnue en termes d'hygiène à cette pratique. Une autre ancienne coutume voulait qu'une maison récemment construite soit offerte à tout couple fraîchement marié. C'est ainsi que les capitales impériales étaient si souvent transportées d'un endroit à l'autre dans ces époques anciennes. La reconstruction, tous les vingt ans, du temple d'Ise, sanctuaire *shintō* dédié à la déesse solaire[120], souligne la persistance de ces rites séculaires. Suivre

120. Amaterasu est la déesse du soleil dans la mythologie japonaise et l'une des principales divinités du *shintō*.

ces coutumes n'était possible que grâce à une technique de construction telle que notre architecture en bois, aussi facile à démonter qu'à construire. Une architecture plus durable impliquant l'utilisation de briques et de pierre aurait rendu toute migration de ce genre impossible. C'est d'ailleurs ce qui s'est passé après l'époque de Nara, quand nous avons utilisé des constructions en bois plus massives et durables en provenance de Chine.

Avec la prédominance de l'individualisme zen au XVe siècle, cette vieille idée s'est parée d'un sens plus profond en lien avec la chambre de thé. Le zen, en accord avec la théorie bouddhiste de l'évanescence et sa volonté d'établir la domination de l'esprit sur la matière, considérait la maison comme un refuge temporaire pour le corps. Le corps en lui-même n'était plus qu'une hutte au beau milieu de la nature sauvage, un abri fragile constitué d'herbes du coin qui, sitôt qu'elles se détachaient, retournaient à leur état originel de déchet. Dans la chambre de thé, la fugacité des choses est suggérée par le toit de chaume, les frêles poteaux, la légèreté du bambou, et l'apparente insouciance des matériaux ordinaires. L'éternel se trouve seulement dans l'esprit qui, incarné dans des choses banales, les embellit d'une lumière subtile et raffinée.

Que la chambre de thé doive être construite afin de s'adapter à un goût individuel constitue un renforcement du principe de vitalité en art. L'art, pour être apprécié totalement, doit être fidèle à la vie contemporaine. Il ne s'agit pas pour autant d'ignorer les droits de la postérité, mais devons chercher à tout prix à jouir du présent au maximum. Il ne s'agit pas non plus de mépriser les créations du passé, mais nous devons essayer de les assimiler dans nos propres consciences. Une conformité servile aux traditions et aux formules entrave l'expression de l'individualité dans l'architecture. Nous ne pouvons que déplorer ces imitations sans âme des bâtiments européens qui se dressent dans le Japon moderne. Nous pouvons nous étonner que dans les nations les plus évoluées de l'Occident, l'architecture soit si dénuée d'originalité, si saturée de répétitions de styles bien obsolètes. Peut-être traversons-nous une époque de démocratisation de l'art, tandis que nous attendons l'apparition d'un maître tout-puissant qui saurait établir une nouvelle dynastie. Chérissons donc un peu plus les anciens, et copions les un peu moins ! Les Grecs étaient grands car ils n'avaient rien volé à leurs prédécesseurs.

Le terme de « maison du vide », en plus de contenir la théorie taoïste du Tout-Contenant, implique la conception d'un besoin continu de changement de motifs décoratifs. La chambre de thé est absolument vide, si ce n'est ce qu'on peut y disposer de manière temporaire afin de satisfaire quelque humeur esthétique du moment. Un objet d'art spécial est apporté pour l'occasion, et tout le reste est sélectionné et arrangé pour renforcer la beauté du thème principal. Comme l'on ne peut pas écouter différents thèmes musicaux en même temps, une compréhension profonde du beau n'est possible qu'en se concentrant sur un motif central. Le système de décoration de nos chambres de thé est opposé à celui qui se pratique en Occident, où l'intérieur de la maison est souvent converti en un musée miniature. Pour un Japonais habitué à la simplicité de l'ornementation et aux fréquents changements de décoration, l'intérieur occidental semble saturé de nombreuses images, de statues et d'un bric-à-brac qui passe pour un vulgaire étal de richesse. Il faut une incroyable faculté d'enthousiasme pour profiter de la vision constante d'un chef-d'œuvre, et ceux qui doivent vivre au quotidien au beau milieu d'une telle confusion de formes et de couleurs telle qu'on les connaît en Europe et en Amérique, doivent être doués d'une capacité sans limites en termes de sensation artistique.

Le terme de « maison de l'asymétrie » évoque une autre phase de notre système décoratif. L'absence de symétrie dans les objets d'art japonais a été longuement commentée par les critiques occidentaux. Elle trouve là encore sa source dans les idéaux taoïstes revisités par le zen. Le confucianisme, avec son idée profondément enracinée du dualisme, et le bouddhisme septentrional avec son culte d'une trinité, n'étaient absolument pas opposés sur la question de la symétrie. En fait, si nous étudions les anciens bronzes de Chine ou les artefacts religieux de la dynastie Tang ou de l'époque de Nara, on retrouvera la même recherche de la symétrie. La décoration de nos intérieurs classiques était volontairement régulière. La conception de la perfection des taoïstes et des zen, par contre, était différente. La nature dynamique de leur philosophie attachait plus d'importance à la quête de la perfection qu'à la perfection en elle-même. La beauté véritable ne pouvait être trouvée que par celui qui complétait mentalement l'incomplet. La virilité de la vie et de l'art réside dans ses capacités de développement. Dans la chambre de thé, il appartient à chaque invité de compléter par son imagination propre, l'effet de l'ensemble. Comme le zen est devenu le courant de pensée principal, l'art de l'Extrême-Orient évite à dessein le symétrique, car il exprime non seulement le complet, mais aussi la répétition. L'uniformité était considérée comme ennemie de la fraîcheur de l'imagination. Ainsi, les paysages, les oiseaux et les fleurs sont devenus les sujets préférés de la peinture, plutôt que l'humain, dont la présence existe par le regard de celui qui l'admire. Nous nous mettons trop souvent en évidence, et en dépit de notre vanité, même notre égocentrisme nous semble monotone.

Dans la chambre de thé, la peur de la répétition est toujours présente. Les divers objets de décoration d'une pièce doivent être soigneusement sélectionnés de telle sorte qu'aucune couleur ou dessin n'y soient répétés. Si vous mettez une fleur vivante, une peinture représentant des fleurs est à proscrire. Si vous utilisez une bouilloire ronde, le pichet d'eau doit être anguleux. Une tasse en émail noir ne doit pas être associée avec une boîte à thé en laque noire. Si vous disposez un brûleur d'encens sur le *tokonoma*, faites bien attention à ne pas le mettre exactement en son centre et d'ainsi diviser l'espace en deux moitiés égales. Le pilier du *tokonoma* doit également être d'un autre bois que les autres piliers, afin d'éviter toute monotonie dans la pièce.

Là encore, la méthode japonaise de décoration intérieure diffère de l'occidentale, où les objets sont posés symétriquement sur des cheminées ou ailleurs. Dans les maisons occidentales, on est souvent confronté à ce qui peut passer pour des répétitions inutiles. On se retrouve à parler à un homme dont le portrait en taille réelle nous dévisage, accroché au mur derrière lui. On se demande lequel est réel, celui de l'image ou celui qui nous parle, et on pressent alors que l'un d'eux doit être faux. Il arrive souvent de se retrouver assis à dîner et forcé de contempler, non sans conséquence pour notre digestion, des représentations d'abondance fixées au mur de la salle à manger. Pourquoi tous ces tableaux de chasse et de sport, ces sculptures élaborées de poissons et de fruits ? Pourquoi cet étalage de portraits de famille sur la vaisselle, qui nous rappellent ceux qui ont dîné ici et sont morts depuis ?

La simplicité de la chambre de thé et sa dénégation du vulgaire en font un véritable sanctuaire, bien loin des vexations du monde extérieur. C'est là, et seulement là, qu'on peut se consacrer à l'adoration totale du beau. Au XVIe siècle, la chambre de thé permettait aux fiers guerriers et aux hommes d'État engagés dans l'unification et dans la reconstruction du Japon de récupérer de leur dur labeur. Au XVIIe siècle, après le formalisme strict des lois du shogunat Tokugawa, la chambre de thé a constitué la seule opportunité possible pour la libre communion des esprits artistiques. Face à une grande œuvre d'art, il n'existe plus de différences entre le *daimyō*, le samouraï et l'homme ordinaire. De nos jours, l'industrialisation a rendu le véritable raffinement de plus en plus difficile à atteindre. N'avons-nous pas, plus que jamais, besoin des chambres de thé ?

V

Le sens de l'art

Connaissez-vous le conte taoïste de *La Harpe apprivoisée* ?

Il était une fois dans le ravin de Longmen, il y a fort longtemps, un arbre *kiri*[121], véritable roi de la forêt. Il portait si haut sa tête qu'il pouvait s'adresser aux étoiles ; ses racines étaient si profondément ancrées dans la terre, qu'elles mêlaient leurs anneaux de bronze à ceux du dragon d'argent qui dormait au-dessous de lui. Un jour, un puissant magicien a transformé cet arbre en merveilleuse harpe dont l'esprit retors ne pouvait être dompté que par le plus talentueux des musiciens. Longtemps, l'instrument a fait partie du trésor de l'empereur de Chine, mais malgré tous les efforts, tous ceux

121. Un arbre *kiri* est un paulownia.

qui ont tenté de tirer une mélodie de ses cordes ont échoué. En réponse à leurs efforts surhumains, la harpe ne lâchait que quelques notes dédaigneuses, absolument pas accordées aux chansons qu'ils voulaient entonner. La harpe refusait de s'offrir à un maître.

Un jour est arrivé Peiwoh, le prince des harpistes. De sa main délicate, il a caressé la harpe comme l'on cherche à calmer un cheval rétif, et il s'est mis à effleurer doucement les cordes. Il a chanté la nature et les saisons, les hautes montagnes et les courants d'eaux, et l'arbre s'est réveillé à ces souvenirs ! La douce brise printanière s'est à nouveau mise à souffler à travers ses branches. Les jeunes cataractes qui dansaient dans le ravin, gloussaient devant les fleurs bourgeonnantes. On entendait à nouveau les clameurs rêveuses de l'été, avec ses myriades d'insectes, le battement léger de la pluie et la complainte du coucou. Écoutez ! Un tigre qui rugit ! La vallée se mettait à nouveau à répondre. C'est l'automne ; dans la nuit déserte, tranchante comme une lame, la lune brille sur l'herbe verglacée. L'hiver arrivé, et à travers l'air gorgé de neige s'agitent des vols de cygne, tandis que des grêlons frappent en rythme les branchages avec une fière joie sauvage.

Puis Peiwoh a décidé d'en changer la tonalité, et de chanter l'amour. La forêt a ondoyé comme l'ardent éphèbe perdu dans ses pensées. Là-haut, comme une altière promise, volait un nuage éclatant ; mais à son passage de longues ombres s'allongeaient sur le sol, noires comme le désespoir. Une fois encore, l'ambiance a changé ; Peiwoh a chanté la guerre, les lames qui s'entrechoquent et les cheveux qui écument. Et de la harpe s'est élevée la tempête de Longmen ; le dragon chevauchait l'éclair, le tonnerre d'une avalanche déboulait sur les collines. En extase, le monarque céleste a demandé à Peiwoh où résidait le secret de sa victoire. « Sire, » a-t-il répondu, « d'autres que moi ont échoué car ils ne chantaient que leur propre histoire. J'ai laissé la harpe choisir son thème, car je ne savais pas vraiment si la harpe était Peiwoh, ou Peiwoh la harpe. »

Ce conte illustre parfaitement le mystère du sens de l'art. Le chef-d'œuvre est une symphonie qui se joue avec nos sentiments les plus raffinés. Le véritable art, c'est Peiwoh, et nous ne sommes que la harpe de Longmen. Au contact magique du beau, les cordes secrètes de notre être se réveillent, nous vibrons en réponse à son appel. L'esprit s'adresse à l'esprit. Nous entendons l'indicible, nous admirons l'invisible. Le maître fait jaillir des notes que nous ne connaissons pas. Des souvenirs depuis longtemps oubliés reviennent à nous, dotés d'un nouveau sens. Des espoirs brimés par la peur, des désirs que nous n'avons jamais osé reconnaître, retrouvent une nouvelle splendeur. Notre esprit est la toile sur laquelle les artistes déposent leurs couleurs ; leurs pigments sont nos émotions ; leur clair-obscur, notre joie lumineuse et notre tristesse toute en ombres. Le chef-d'œuvre est en nous, puisque nous sommes dans le chef-d'œuvre.

La communion de sympathie nécessaire à l'éclosion du sens de l'art doit avoir pour base la concession mutuelle. Le spectateur se doit de cultiver l'attitude adéquate pour recevoir le message, car l'artiste doit savoir comment le délivrer. Le maître de thé Enshū Kobori, lui-même *daimyō*, nous a laissé ces quelques mots mémorables : « Approchez une grande peinture comme vous approcheriez un grand prince. » Afin de comprendre un chef-d'œuvre, vous devez vous incliner au plus bas devant lui, et attendre qu'il vous parle en retenant votre souffle. Un éminent critique Song a un jour fait une charmante confession : « Quand j'étais jeune, je louais le maître dont je vénérais les tableaux, mais avec les années, au fur et à mesure que mon jugement a mûri, je me louais moi-même d'aimer ce que les maîtres avaient choisi que j'aimerai. » Il est regrettable que si peu d'entre nous prennent la peine d'étudier l'esprit des maîtres. Dans notre ignorance bornée, nous refusons de leur rendre un simple hommage courtois, et manquons souvent ce riche festin de beauté présent devant nos yeux. Un maître a toujours quelque chose à offrir, et nous partons parfois frustrés de ne pas avoir su faire preuve d'assez de goût.

Pour celui qui possède un sens aigu de l'art, un chef-d'œuvre devient une réalité vivante vers laquelle on ressent des liens forts de camaraderie. Les maîtres sont immortels, car leurs amours et leurs peurs vivent en nous encore et toujours. C'est plutôt l'âme que la main, l'homme que la technique, qui nous appelle, et plus l'appel est humain, plus notre réponse est profonde. C'est cette complicité secrète entre le maître et nous qui nous permet de souffrir et nous réjouir avec les héros et les héroïnes, dans la poésie et les romans. Chikamatsu[122], notre Shakespeare japonais, tenait

122. Monzaemon Chikamatsu (1653-1725) était un dramaturge japonais du *jōruri*, la forme de théâtre de marionnettes qui sera plus tard connue sous le nom de *bunraku*, et du drame avec

pour l'un de ses premiers principes de composition dramatique la mise en confiance du public. Nombre de ses adeptes ont soumis à son approbation des pièces, mais seule l'une d'elles a plu au maître. C'était une pièce qui ressemblait un peu à *La Comédie des erreurs* de Shakespeare, dans laquelle des jumeaux sont confondus. « Dans ce texte, » a dit Chikamatsu, « je sens le souffle du drame, car elle emmène le public dans une sphère commune. Il peut en savoir plus sur les acteurs, il sait où résident les mensonges et il peut prendre en pitié les pauvres personnages qui s'agitent sur scène et courent innocemment vers leur destin. »

Les grands maîtres d'Orient et d'Occident n'ont jamais oublié l'importance de la suggestion comme façon de mettre en confiance le spectateur. Qui peut contempler un chef-d'œuvre sans être effrayé de l'immensité de la pensée présentée à notre considération ? Il n'existe pas de chefs-d'œuvre qui ne soient ni familiers ni sympathiques ; au contraire, combien de productions modernes nous semblent froides ! Les chefs-d'œuvre s'épanchent avec chaleur dans le cœur des hommes ; les autres se résument à un geste formel. Coincé par sa technique,

---

acteur vivant, le *kabuki*. Ses pièces les plus célèbres traitent des doubles suicides comme *Suicides d'amour à Amijima*.

le créateur moderne arrive rarement à s'élever au-dessus de lui-même. Tout comme les musiciens qui échouaient à faire vibrer la harpe de Longmen, il ne fait que chanter sa propre histoire. Leurs œuvres sont parfois plus proches de la science, mais bien plus éloignées de l'humanité. Un vieux proverbe japonais dit qu'une femme ne peut pas aimer un homme vaniteux, car son cœur n'offre aucune fissure pour laisser entrer l'amour et le remplir. En art, la vanité de la part de l'artiste ou de la part du public est également fatale à la sympathie.

Rien n'est plus fabuleux que l'union d'esprits semblables dans l'art. Au moment de cette rencontre, l'amateur d'art se transcende totalement. Il est, à la fois, et il n'est pas. Il effleure l'infini du regard, mais ses mots ne peuvent exprimer sa joie, car l'œil n'a pas de langage. Libéré des chaînes de la matière, son esprit ondoie au rythme des choses. C'est ainsi que l'art peut être assimilé à une religion, et ennoblit l'humanité. C'est ainsi qu'un chef-d'œuvre devient quelque chose de sacré. Dans les temps anciens, la vénération que portent les Japonais à l'œuvre d'un grand artiste était exceptionnelle. Les maîtres de thé ont gardé leurs trésors dans un secret religieux, et il était souvent nécessaire d'ouvrir une série de boîtes gigognes afin d'atteindre la relique en question

– enveloppée dans de la soie dont les plis cachent le saint des saints. L'objet était rarement exposé au regard de tous, mais uniquement aux initiés.

À l'époque où le théisme était au zénith de sa renommée, les généraux du *taikō* se satisfaisaient bien plus de l'offrande d'une œuvre d'art rare que d'un large lopin de terre, lorsqu'il fallait les récompenser d'une victoire. La plupart de nos drames favoris ont pour sujet la perte et la quête d'une œuvre d'art célèbre. Dans l'un de ces drames, par exemple, le palais du *daimyō* Hosokawa, où était conservé le célèbre portrait de Daruma[123] par Sesson, a pris feu tout à coup à cause de la négligence des samouraïs qui le gardaient. Déterminé à affronter tous les dangers afin de sauver la précieuse peinture, il se précipite dans le bâtiment en flammes, s'empare du *kakemono*, mais il se retrouve bloqué par les flammes à l'intérieur. Pensant uniquement à sauver le portrait, il ouvre son torse d'un coup d'épée, enroule sa manche déchirée autour de l'œuvre de Sesson, et plonge le tout dans sa plaie béante. Une fois l'incendie maîtrisé, au beau milieu des cendres encore fumantes, on retrouve un cadavre à moitié brûlé au sein duquel se trouve le trésor intact. Si

123. Daruma est le nom japonais de Bodhidarma.

ces contes peuvent paraître horribles, ils illustrent parfaitement la grande valeur que nous allouons à un tel chef-d'œuvre, ainsi que le dévouement d'un samouraï fidèle.

Souvenons-nous cependant que l'art a de la valeur uniquement parce qu'il nous parle droit au cœur. Il pourrait être un langage universel si nous étions nous-mêmes universels dans nos sympathies. Notre nature finie, le poids de la tradition et des conventions, ainsi que nos instincts héréditaires, restreignent la portée de notre capacité de jouissance artistique. Notre individualité même établit en un sens une limite à notre compréhension ; et notre personnalité esthétique cherche ses propres affinités dans les créations du passé. Il est vrai qu'à force de la cultiver, notre appréciation de l'art peut s'agrandir, et nous pouvons alors apprécier bien plus d'expressions de la beauté qui nous étaient encore inconnues. Car, après tout, nous ne percevons que notre propre image dans l'univers, nos idiosyncrasies particulières dictent le mode de nos perceptions. Les maîtres de thé ne collectionnaient que des objets qui correspondaient parfaitement à la mesure de leur goût personnel.

À ce propos, une histoire concernant Enshū Kobori se rappelle à notre bon vouloir. Enshū était complimenté par ses disciples quant au goût admirable dont il avait fait preuve dans l'élaboration de sa collection. Ils lui ont dit : « Chaque pièce est telle que personne ne peut s'empêcher de l'admirer. Ce qui prouve que vous avez meilleur goût que Rikyū, puisque sa collection ne pouvait être appréciée que par un esthète sur mille. » L'air triste, Enshū a répondu : « Cela prouve juste que j'ai des goûts banals. Le grand Rikyū osait aimer uniquement les objets qui lui plaisaient, alors que moi, inconsciemment, je me range au goût de la majorité. À dire vrai, il n'y avait qu'un seul Rikyū parmi mille maîtres de thé. »

Il est fort regrettable que la majeure partie de l'enthousiasme apparent envers l'art d'aujourd'hui ne repose plus sur un sentiment profond et réel. À cette époque démocratique, nos hommes applaudissent ce qui est considéré par la majorité comme le meilleur, sans tenir compte de ce qu'ils ressentent en eux. Ils veulent le luxe, pas le fin ; ce qui est à la mode, pas ce qui est beau. Pour les masses, cela passe par la contemplation de périodiques illustrés, digne produit de leur industrialisme, qui leur offre une nourriture spirituelle bien plus facile à ingérer que les classiques italiens ou les maîtres d'Ashikaga. Comme le disait un critique chinois il y a plusieurs siècles : « Le peuple critique une peinture avec son ouïe. » C'est le manque de goût personnel qui est responsable de toutes ces horreurs pseudo-classiques qui nous entourent de nos jours, où que nous allions.

Une autre erreur communément répandue consiste à confondre art et archéologie. La vénération de l'antiquité est l'un des traits humains les plus intéressants, et nous ne pouvons que rêver qu'il soit encore plus répandu parmi nous. Les anciens maîtres doivent être salués pour avoir ouvert la voie au progrès. Ils ont traversé ces siècles de critique sans ciller, et nous les découvrons encore couverts de gloire, ce qui force notre respect. Il serait idiot, par contre, de n'évaluer leurs succès qu'à travers leur âge. Nous laissons cependant à notre sympathie historique la détermination de notre discernement esthétique. Nous offrons le bouquet de notre approbation à l'artiste une fois qu'il est dans sa tombe. Le XIXe siècle, fort de la théorie de l'évolution, a de plus fait germer en nous l'habitude de perdre de vue l'individu dans les espèces. Un collectionneur se soucie avant tout d'acquérir des spécimens afin d'illustrer une période ou une école, et oublie par la même occasion qu'un seul chef-d'œuvre peut nous en apprendre bien plus que nombre de créations médiocres d'une certaine période ou d'une certaine école. Nous perdons trop de temps à classer, et pas assez à apprécier. Le sacrifice de l'esthète aux méthodes prétendument scientifiques a ruiné bien des musées.

Les revendications de l'art contemporain ne doivent pas être ignorées dans tous les plans de la vie. L'art d'aujourd'hui est ce qui nous appartient réellement : il est notre miroir. En le condamnant, nous nous condamnons nous-mêmes. On affirme souvent que le présent ne dispose d'aucun art : mais qui est responsable de cette situation ? Il est honteux que, malgré toutes nos envolées lyriques en direction des anciens, nous prenons si peu soins de nos propres potentiels. Pendant ce temps, des artistes luttent, des âmes éreintées s'épuisent dans la pénombre de notre dédain et notre froideur ! Dans ce siècle qui se regarde le nombril, quelle inspiration pouvons-nous leur offrir ? Le passé a beau regarder avec pitié la pauvreté de notre civilisation, le futur rira, lui, de la stérilité de notre art. Nous détruisons tout ce qui reste de beau dans la vie. Un grand magicien débarquera-t-il afin de former à partir du ciment de notre société, une harpe puissante dont les cordes feront parler les doigts du génie ?

VI

Les fleurs

Dans l'aube grise et vacillante, alors que les oiseaux murmurent en une cadence étrange au beau milieu des arbres, n'avez-vous jamais eu l'impression qu'ils discutaient entre eux des fleurs ? Bien sûr, pour l'humanité, l'appréciation des fleurs a toujours été associée à la poésie de l'amour. Où mieux imaginer l'éclosion d'une âme vierge que dans une fleur, avec sa douce inconscience et son parfum silencieux ? L'homme primitif, en offrant son premier bouquet à sa promise, a ainsi transcendé son instinct de brute. Il est ainsi devenu humain en s'élevant au-dessus des vulgaires besoins naturels. Il a pénétré le territoire de l'art quand il a perçu l'utilité subtile de l'inutile.

Les fleurs restent nos amies fidèles, dans la joie ou la tristesse. Nous mangeons, buvons, chantons, dansons et séduisons en leur compagnie. Nous nous marions et nous baptisons avec des fleurs. Nous ne mourrions pas sans elles. Nous vénérons le lys, nous méditons avec le lotus, nous chargeons sur les champs de bataille avec la rose et le chrysanthème à notre torse. Nous avons même tenté de pratiquer le langage des fleurs. Comment pourrions-nous vivre sans elles. Cela fait peur d'imaginer un monde dénué de leur présence. Quelle consolation n'apportent-elles pas au chevet du malade, quelle bénédiction lumineuse ne donnent-elles pas aux esprits fatigués ? Leur sereine tendresse soigne notre confiance affaiblie en l'univers, comme le regard profond d'un enfant peut ressusciter nos espoirs perdus. Quand nous sommes à terre, elles s'attardent pour pleurer sur nos tombes.

Si triste que cela puisse être, il faut avouer que malgré la compagnie des fleurs, nous ne nous sommes guère élevés au-dessus de l'état de brute. Grattez la peau de mouton, et le loup en nous montrera bientôt ses crocs. On dit que l'homme, à dix ans, est un animal, à vingt ans, un fou, à trente ans un raté, à quarante ans un escroc, et à cinquante ans un criminel. Peut-être devient-il criminel car il n'a jamais cessé d'être un animal. Rien n'existe plus pour nous que la faim, rien n'est sacré sauf nos propres désirs. Tous les autels se sont successivement écroulés devant nos yeux ; un seul semble avoir survécu, celui où nous brûlons l'encens de l'idole suprême : nous-mêmes. Notre dieu est grand, et l'argent est son prophète ! Nous dévastons la nature afin de lui offrir des sacrifices. Nous nous vantons d'avoir conquis la matière, mais nous oublions que c'est la matière qui nous a fait ses esclaves. Quelles atrocités ne commettons-nous pas au nom de la culture et du raffinement !

Dites-moi, douces fleurs, larmes du firmament, droites dans le jardin, à hocher vos têtes vers les abeilles qui vous chantent la rosée et les rayons de soleil, êtes-vous conscientes du terrible destin qui vous guette ? Continuez à rêver, à vous balancer et à ondoyer tant que vous pouvez dans la douce brise de l'été. Demain, une main impitoyable viendra vous saisir à la gorge. Vous serez arrachées, tordues et dépieutées membre après membre, et emportées loin de votre paisible demeure. Votre tortionnaire passera pour belle. Elle dira peut-être à quel point elle vous trouvait charmantes, alors que ses doigts seront encore souillés de votre sang. Dites-moi, est-ce ceci la bonté ? Votre destin est peut-être d'être emprisonnées dans les cheveux de celle qui est sans cœur, ou d'être à la boutonnière de celui qui n'oserait jamais vous regarder en face si vous étiez un homme. C'est peut-être votre destin d'être enfermées dans un vase étroit avec juste un peu d'eau stagnante pour étancher cette soif inextinguible qui annonce la vie qui s'évanouit.

Si vous étiez encore dans la contrée du Mikado[124], chères fleurs, vous pourriez parfois rencontrer un étrange personnage armé de ciseaux et d'une scie miniature. Il se ferait appeler maître de fleurs. Il réclamerait d'avoir les mêmes droits qu'un médecin, et vous le haïriez immédiatement, car vous savez qu'un docteur cherche toujours à prolonger les souffrances de ses victimes. Il vous couperait, vous tordrait et vous courberait dans des positions impossibles qu'il pense être convenables pour vous. Il tordrait vos muscles et disloquerait vos os comme un ostéopathe. Il vous brûlerait avec des charbons rougeoyants pour arrêter vos saignements, et vous ligoterait de fils de fer pour améliorer votre circulation. Il vous mettrait à un

---

124. En japonais, le terme *Mikado* (御門 ou 帝), qui signifie littéralement « l'honorable porte » (c'est-à-dire la porte du palais impérial, qui désigne la personne qui vit dans le palais à la manière de « Sublime Porte », un ancien terme pour le gouvernement ottoman), était autrefois utilisé pour désigner l'empereur du Japon.

régime de sel, de vinaigre d'alun et parfois même de vitriol. Il déverserait de l'eau bouillante sur vos pieds quand vous semblez prêtes à vous évanouir. Il se vanterait même de vous avoir donné une à deux semaines de plus de vie grâce à ses traitements. N'auriez-vous pas préféré mourir d'un coup, au moment de votre capture ? Quels crimes avez-vous donc commis durant votre incarnation précédente pour mériter de tels châtiments ?

Le crime de masse commis par les Occidentaux envers les fleurs est encore plus épouvantable que la manière dont elles sont traitées en Orient. La quantité de fleurs coupées chaque jour afin de décorer les salles de fête et les banquets d'Europe et d'Amérique, avant d'être jetées dès le lendemain, est astronomique ; si on les mettait bout à bout, elles formeraient une guirlande qui ferait le tour du monde. Au-delà de cette insouciance totale vis-à-vis de la vie, la culpabilité du maître de fleurs est insignifiante. Lui au moins respecte l'économie de la nature, sélectionne ses victimes avec soin et prévoyance, et après la mort, rend honneur à ses restes. En Occident, la mise en valeur des fleurs fait partie de l'exposition de la richesse. Elle est fantaisie du moment. Mais où vont donc toutes ces fleurs une fois la fête finie ? Rien n'est plus pitoyable que de voir une fleur fanée jetée sans remords sur un tas de fumier.

Pourquoi les fleurs naissent-elles si belles et pourtant si impuissantes ? Les insectes peuvent piquer, et même les bêtes les plus braves peuvent se rebeller quand elles sont acculées. Les oiseaux dont les plumages sont recherchés pour orner les coiffes peuvent échapper à leurs poursuivants en s'envolant ; l'animal dont vous convoitez le pelage peut lui aussi disparaître à votre approche. Hélas ! La seule fleur connue pour avoir des ailes est le papillon ; toutes les autres restent plantées, démunies, face à leur bourreau. Si elles crient à leur agonie, leurs pleurs n'atteindront jamais nos oreilles endurcies. Nous sommes toujours brutaux avec ceux qui nous aiment et nous servent en silence, mais un jour peut-être viendra le moment où notre cruauté nous coupera de nos meilleurs amis. N'avez-vous jamais remarqué que les fleurs sauvages sont de moins en moins nombreuses, chaque année ? Peut-être que leurs sages leur ont conseillé de détaler jusqu'à ce que l'homme devienne plus humain. Peut-être ont-elles migré vers le ciel.

L'homme qui cultive les plantes doit être loué. L'homme au pot de fleurs est bien plus humain que ses ciseaux. Nous observons avec joie son attention en ce qui concerne la pluie et le soleil, ses combats contre les parasites, sa haine des gelées, son anxiété devant les bourgeons tardifs, son ravissement quand les feuilles sont éclatantes. En Orient, l'art de la floriculture est très ancien, et les amours du poète pour sa plante favorite ont inspiré bien des contes et des chansons. Avec l'essor de la céramique sous les dynasties Tang et Song, de magnifiques récipients à fleurs ont été produits, non pas de simples pots mais de véritables palais de pierres précieuses. Un domestique spécial était chargé de veiller sur chaque fleur, d'en laver les feuilles avec une brosse douce en poils de lapin. Il a été écrit que la pivoine doit être baignée par une belle jeune femme en costume et que le prunier d'hiver doit être arrosé par un moine pâle et diaphane. Au Japon, l'une des danses *nō* les plus célèbres de l'ère Ashikaga, le *Hachinoki*[125], relate l'histoire d'un chevalier sans le sou qui, une nuit glacée, n'a plus rien pour se réchauffer et décide de couper ses plantes adorées afin d'accueillir un

---

125. *Hachinoki* serait l'un des drames préférés du *shōgun* Ieyasu Tokugawa. Cette pièce était particulièrement populaire pendant l'ère Edo, probablement parce qu'elle loue la chevalerie de la classe guerrière.

frère vagabond. Ce frère n'est autre que Tokiyori Hōjō[126], le Haroun Al-Rashid de notre mythologie, et le sacrifice du chevalier est bien évidemment récompensé. Cette représentation de *nō* ne manque jamais de faire naître des larmes auprès du public tokyoïte moderne.

De grandes précautions étaient prises afin d'assurer la préservation des fleurs les plus délicates. L'empereur Xuanzong[127], de la dynastie Tang, suspendait de petites cloches en or aux branches de son jardin afin d'en éloigner les oiseaux. Au printemps, lui et les musiciens de sa cour offraient des concerts de musique douce afin d'encourager les fleurs à s'épanouir. Yoshistune[128], le héros de nos contes équivalents aux légendes arthuriennes, était connu pour avoir possédé une précieuse tablette aujourd'hui visible dans un monastère[129]. Y était inscrite une note détaillant la protection d'un prunier magnifique, et elle s'adresse encore à nous sur un ton belliqueux ironique. Après avoir évoqué la beauté des fleurs,

126. Tokiyori Hōjō (1227-1263) est le cinquième *shikken* (régent) du shogunat de Kamakura.
127. Noté « Huensung » dans la version originale.
128. Minamoto no Yoshitsune (1159-1189) est un samouraï et un général des périodes Heian et Kamakura.
129. À Sumadera, près de Kobe.

la tablette dit : « Quiconque coupera une seule branche de cet arbre devra en retour se couper un doigt ». Et si nous appliquions aujourd'hui une telle loi à ceux qui détruisent frénétiquement les fleurs et mutilent les œuvres d'art ?

Pour ce qui est des fleurs en pot, on peut suspecter l'égoïsme de l'homme. Pourquoi enlever les plantes de leur habitat naturel et leur demander de s'épanouir dans un environnement étranger ? N'est-ce pas comme demander aux oiseaux de chanter et s'accoupler dans des cages ? Qui sait ce que peuvent bien éprouver les orchidées qui étouffent dans la chaleur artificielle de vos serres, espérant en vain apercevoir un rayon de soleil de leur ciel méridional ?

L'amateur de fleurs idéal est celui qui va leur rendre visite dans leurs retraites natales, comme Tao Yuanming[130], qui s'asseyait devant une barrière brisée en bambou afin de discuter avec les chrysanthèmes sauvages ou Lin Bu[131], qui se perdait au beau milieu des parfums mystérieux, errant au crépuscule parmi les pruniers en fleurs du lac

130. Tao Yuanming (365-427) homme politique chinois. Il était l'un des poètes les plus connus de la période des Six Dynasties.
131. Noté « Linwosing » dans la version originale. Lin Bu (967-1028) était un poète chinois durant la dynastie des Song du Nord.

de l'Ouest. La légende veut également que Zhou Maoshu[132] dormît dans un bateau afin que ses rêves puissent se confondre avec ceux du lotus. L'impératrice Komyō[133], l'une des plus célèbres souveraines de Nara, était animée du même esprit quand elle chantonnait : « Si je te cueille, ma main te salira, Ô Fleur ! Tu es si droite dans la prairie, et je t'offre ainsi aux Bouddhas du passé, du présent et du futur. »

Évitons cependant de céder aux sentiments. Soyons moins luxueux, mais plus magnifiques. Lao Tseu disait : « Le ciel et la terre n'ont point d'affection particulière. »[134] Kōbōdaishi[135] disait : « Coule, coule, coule, coule, le courant de la vie continue toujours plus loin. Meurs, meurs, meurs, meurs, la vie vient pour tous. »[136] La destruction nous guette à chaque détour. Elle est au-dessus et en dessous, derrière et devant. Le Changement

132. Noté « Chowmushih » dans la version originale. Zhou Maoshu (1017-1073) est un philosophe de la dynastie des Song du Nord, connu pour son amour du lotus.
133. L'impératrice Kōmyō (701-760) est l'impératrice consort de l'empereur japonais Shōmu (voir note 83).
134. Tseu Lao, *op. cit.*, chap. V, p. 21.
135. Kūkai (774-835), aussi connu sous le nom de Kōbōdaishi, est le saint fondateur de l'école bouddhiste Shingon.
136. Kūkai, 秘蔵宝鑰, (La clé secrète du trésor), extrait de l'introduction.

n'est pas seulement Éternel – pourquoi, dans ce cas, ne pas accueillir aussi bien la mort que la vie ? Ils n'existent qu'en contrepartie : la nuit et le jour du Brahmā. À travers la désintégration de l'ancien, la re-création est possible. Nous avons vénéré la mort, la divinité impitoyable de la pitié, sous tant de noms différents. C'est l'ombre du Tout dévorant que les guèbres[137] ont salué dans le feu. C'est le purisme glacial de l'âme-épée devant laquelle le Japon shintoïste se prosterne encore aujourd'hui. Le feu mystique consume notre faiblesse, l'épée sacrée rompt l'esclavage du désir. De nos cendres renaît le phénix de l'espoir céleste, de la liberté émerge une plus haute réalisation d'humanité.

Pourquoi ne pas détruire les fleurs si nous pouvons en tirer de nouvelles formes pour ennoblir l'idée du monde ? Nous ne faisons que leur demander de se joindre à nous pour se sacrifier à la beauté. Nous pourrons racheter nos actions en nous consacrant à la pureté et à la simplicité. C'est ainsi que raisonnaient les maîtres de thé quand ils ont établi le culte des fleurs.

---

137. Adeptes de la religion zoroastrienne. Après l'islamisation de l'Iran (VIIIe siècle), seules quelques petites communautés vivant dans des régions retirées du sud-est de l'Iran réussirent à perpétuer la tradition mazdéenne.

Quiconque est familier avec les manières d'être de nos maîtres de thé a sûrement remarqué la dévotion religieuse avec laquelle ils considèrent les fleurs. Ils ne cueillent jamais au hasard, mais sélectionnent avec soin chaque brindille, et ont toujours en vue la composition artistique qu'ils imaginent. Ils auraient honte s'ils se retrouvaient à couper plus que le strict nécessaire. Il faut également remarquer qu'ils associent toujours les feuilles à la fleur, puisque leur idée est de représenter la beauté de la plante vivante en son intégralité. À cet égard, comme sur bien des points, leur méthode diffère de celle utilisée en Occident. Là-bas, on ne peut plus voir que les tiges et les têtes des fleurs, ramassées en désordre dans un vase, sans le moindre corps.

Quand un maître de thé arrange une fleur à son goût, il la place sur le *tokonoma*, la place d'honneur dans une pièce japonaise. Rien ne saurait être placé à proximité, car cela altérerait l'effet désiré, pas même une peinture, à moins qu'il existe une quelconque raison esthétique à cette combinaison. La fleur trône telle un prince, et les disciples ou les invités doivent la saluer en entrant dans la pièce, bien bas, avant de s'adresser à leur hôte. Les plus grands chefs-d'œuvre sont souvent représentés en dessins dans diverses publications, à destination des amateurs du genre. La littérature sur le sujet est vaste. Quand la fleur se fane, le maître la consigne avec douceur dans une rivière, ou l'enterre avec soin sous terre. Parfois, on érige même des monuments en leur honneur.

La naissance de l'art de l'arrangement floral semble coïncider avec celle du théisme, au XVe siècle. Nos légendes attribuent le premier arrangement floral aux bouddhistes primitifs qui ramassaient les fleurs fauchées par les tempêtes, et qui, dans leur infinie sollicitude pour toutes les choses vivantes, les plaçaient ensuite dans des vases emplis d'eau. On raconte que Sôami[138], le grand peintre amateur d'art de la cour de Yoshimasa Ashikaga, a été l'un des premiers adeptes de cette coutume. Shukō, le maître de thé, était l'un de ses disciples, ainsi que Sennō, fondateur de la maison Ikenobō, une famille aussi illustre dans les annales des fleurs que celle des Kanō pour la peinture. Alors que le rituel du thé s'est perfectionné sous Rikyū, à la fin du XVIe siècle, l'arrangement floral a également atteint son apogée à cette période. Rikyū et ses successeurs, les renommés Yuraku Oda[139],

---

138. Shinsō Sōami (NC-1525) est un peintre, poète et architecte de jardins au service des *shōgun* Ashikaga. Il est l'auteur présumé des jardins secs du Ginkaku-ji, du Ryōan-ji et du Daisen-in à Kyoto.
139. Nagamasu Oda (1548-1622) était un *daimyō* japonais et

Oribe Furuta[140], Kōetsu Hon'ami[141], Kobori Enshū, Sekishū Katagiri[142], rivalisaient d'ingéniosité afin de trouver de nouvelles combinaisons originales. N'oublions pas cependant que le culte des fleurs par les maîtres de thé ne constituait qu'une petite partie de leur rituel esthétique, et n'était pas considéré comme une religion à part entière. L'arrangement floral, comme toute œuvre d'art de la chambre de thé, était soumis au plan général de décoration de la pièce. Ainsi Sekishū affirmait que les fleurs blanches du prunier ne devaient pas être utilisées lorsque le jardin était recouvert de neige. Les fleurs « bruyantes » se voyaient toujours refuser l'entrée de la chambre de thé. Un arrangement floral d'un maître de thé perd sa force s'il est enlevé de la pièce à laquelle il était destiné, car son allure et ses proportions ont été spécialement pensées pour un environnement précis.

---

un frère de Nobunaga Oda qui a vécu de la fin de la période Sengoku au début de la période Edo.

140. Oribe Furuta (1544-1615) était un *daimyō* et un célèbre maître de la cérémonie du thé japonaise. Il était à l'origine un serviteur de Nobunaga Oda et de Hideyoshi Toyotomi.

141. Kōetsu Hon'ami (1558-1637) est l'un des plus brillants élèves du maître de thé Oribe Furuta et du style de poterie *raku*.

142. Sekishū Katagiri (1605-1673), fonctionnaire du gouvernement et surveillant de la région de Kantō, était également peintre, pratiquant du zen. Il devient le maître de thé du *shōgun* Ietsuna Tokugawa après la mort de Enshū Kobori.

L'adoration de la fleur en tant que telle est concomitante avec l'essor des maîtres de fleurs, vers le milieu du XVIIe siècle. À cette époque, elle devient indépendante de la chambre de thé, et ne connaît plus d'autre loi que celle imposée par le vase. De nouvelles conceptions et de nouvelles méthodes deviennent alors possibles, et nombre de principes et d'écoles en ont résulté. Un écrivain du milieu du siècle dernier disait qu'il pourrait décompter plus de cent écoles différentes en ce qui concerne l'arrangement floral. Pour faire vite, elles se divisent en deux courants principaux : le formaliste et le naturaliste. Les écoles formalistes, représentées par les Ikenobō, aspiraient à un idéalisme classique qui correspondait à celui de l'académie Kanō. Il existe des descriptions précises d'arrangements floraux effectués par les premiers maîtres de cette école qui reproduisent quasiment les peintures florales de Sansetsu et Tsunenobu. L'école naturaliste, en revanche, prenait la nature pour modèle. On retrouve ainsi les mêmes impulsions que celles qui ont donné les écoles de peinture *ukiyo-e* et *shijō*.

Si nous en avions le loisir, il serait intéressant de s'attarder plus longtemps sur les lois de composition et de détails formulées par les différents maîtres de fleurs de cette période, qui sont basées sur les mêmes théories fondamentales que celles qui gouvernaient la décoration Tokugawa. Trois principes fondamentaux les gouvernent : le principe primordial (le Ciel), le principe subordonné (la Terre), le principe réconciliateur (l'Homme). Tout arrangement floral qui ne rassemble pas ces principes était considéré comme mort-né. Ils insistaient également beaucoup sur le fait de traiter une fleur dans ses trois aspects différents : le formel, le semi-formel et l'informel. Le premier représente les fleurs dans une somptueuse robe de soirée, le second dans l'élégance simple d'une robe de jour et la troisième dans le charmant déshabillé du boudoir.

Nos sympathies personnelles vont naturellement aux arrangements floraux du maître de thé plutôt qu'à ceux du maître de fleurs. Les premiers relèvent de l'art par essence et nous plaisent à cause de son rapport intime entretenu avec la vie. Nous aimerions appeler cette école, la naturelle, en contradiction avec les naturalistes et les formalistes. Le maître de thé estime que son devoir ne s'étend qu'au choix des fleurs, et il leur laisse raconter leur propre histoire. En entrant dans une chambre de thé à la fin de l'hiver, vous verrez peut-être une frêle brindille de cerisier sauvage, combinée avec un camélia bourgeonnant ; voilà l'écho d'un hiver qui se finit, couplé à la prophétie d'un printemps qui s'annonce. Si vous entrez dans la chambre de thé pour y déguster le breuvage à midi en pleine chaleur de l'été, vous tomberez peut-être dans l'ombre rafraîchissante du *tokonoma*, un simple lys dans un vase suspendu ; dégoulinant de rosée, il semble sourire à la folie de la vie.

Un solo de fleurs est certes intéressant, mais dans un concerto avec peinture et sculpture, la combinaison devient envoûtante. Sekishū a un jour placé quelques plantes aquatiques dans un vase plat afin d'évoquer la végétation des lacs et des marais. Au mur au-dessus, il a accroché une peinture de Sōami, avec des canards sauvages volant dans le ciel. Shoha, un autre maître de thé, a combiné un poème sur la beauté de la solitude près de la mer, avec un brûleur d'encens en bronze en forme de cabane de pêcheur, et quelques-unes des fleurs sauvages qui poussent sur la plage. L'un des invités a raconté ensuite qu'il avait senti le souffle vacillant de l'automne au contact de cette composition.

Les histoires de fleurs sont sans fin. Prenons le temps d'en rapporter une encore. Au XVIe siècle, les belles-de-jour étaient des plantes encore assez rares dans notre contrée. Rikyū possédait un jardin entier où il les cultivait. La renommée de ses belles-de-jour est arrivée aux oreilles du *taikō*, et il a exprimé le désir de les voir. Rikyū l'a alors invité un matin à venir déguster le thé chez lui. Le jour venu, le *taikō* a traversé le jardin, mais il n'a pas vu le moindre indice de belles-de-jour. Le sol avait été balayé, puis recouvert de sable et petits cailloux. Plein d'une colère soudaine, le despote a fait irruption dans la chambre de thé, mais un spectacle inattendu l'attendait et lui a redonné son humour. Sur le *tokonoma*, dans un bronze rare de l'époque Song, était disposée une belle-de-jour : la reine du jardin !

C'est par de tels exemples que nous comprenons toute la signification du sacrifice des fleurs. Peut-être les fleurs elles-mêmes l'apprécient. Elles n'ont pas la couardise des hommes. Certaines d'entre elles trouvent la gloire dans la mort – c'est certainement ce que font les fleurs de cerisier japonais, qui s'abandonnent librement aux vents. Quiconque a déjà vécu les avalanches parfumées de Yoshino ou d'Arashiyama l'ont bien compris. Un moment, elles volent comme des nuages de pierres précieuses et dansent au-dessus des eaux cristallines ; puis, en s'éloignant sur l'onde rieuse, elles semblent dire : « Adieu, Ô Printemps ! Nous sommes en route pour l'éternité ! »

VII

Les maîtres de thé

En religion, le futur est toujours derrière nous. En art, le présent est éternel. Pour les maîtres de thé, le véritable sens de l'art n'est atteignable que par ceux qui le placent au milieu de leur existence. Ils veulent ainsi réguler leur vie quotidienne en accord avec le modèle de raffinement parfait qui existe dans la chambre de thé. En toutes circonstances, la sérénité de l'esprit doit être maintenue, et la conversation doit être conduite de manière à ne pas troubler l'harmonie et le calme du lieu. La coupe et la couleur des vêtements, l'équilibre du corps, l'allure sont autant de manifestations de qualité artistique d'une personne. Ce sont des sujets à ne pas prendre à la légère, car celui qui ne s'est pas fait beau n'a pas le droit d'approcher la beauté. Ainsi, le maître de thé s'efforce à être plus qu'un simple artiste : l'art en soi. C'est le zen de l'esthétisme. La perfection est partout, une fois que nous avons décidé de la reconnaître. Rikyū aimait citer un vieux poème à ce sujet : « À ceux qui n'aiment que les fleurs, j'oserais leur montrer le printemps en plein bourgeonnement, qui habite les boutons germant des collines couvertes de neige. »[143]

Les contributions artistiques des maîtres de thé ont été nombreuses. Ils ont complètement révolutionné l'architecture et la décoration intérieure classiques, établissant le nouveau style décrit dans le chapitre dédié à la chambre de thé. Ce style a influencé jusqu'aux palais et monastères construits après le XVIe siècle. Enshū Kobori, un génie aux nombreuses facettes, a laissé de nombreux exemples de son talent dans la villa impériale de Katsura, dans les châteaux de Nagoya ou Nijō, et dans le monastère de Koho-an. Tous les jardins les plus célèbres du Japon ont été conçus par les maîtres de thé. Notre poterie n'aurait certainement jamais atteint une telle excellence si les maîtres de thé n'y avaient pas apporté leur

143. Poème sur les fleurs de Fujiwara no Ietaka. Il est dit que Rikyū récitait constamment ce poème et le considérait comme la véritable signification du *wabi*.

inspiration. La fabrication des ustensiles nécessaires à la cérémonie du thé exigeait en effet de la part de nos céramistes la plus grande ingéniosité. Les Sept Fours d'Enshū[144] sont bien connus de tous les élèves en céramique japonaise. La plupart de nos tissus portent le nom de maîtres de thé qui en ont conçu la coupe ou la couleur. Il est même impossible de trouver une section artistique dans laquelle les maîtres de thé n'ont pas laissé de trace de leur génie. En peinture et en laque, il serait même superflu de mentionner leurs immenses apports. L'une des plus grandes écoles de dessin doit son origine au maître de thé Kōetsu Hon'ami, également potier et laquier de renom. À côté de ses œuvres, les splendides créations de son petit-fils Kōho et de ses petits-neveux Kōrin et Kenzan semblent bien pâles. Toute l'école Kōrin, comme on la désigne habituellement, est une expression du théisme. Dans les grandes lignes, cette école possède la vitalité de la nature.

Aussi grande qu'ait été l'influence des maîtres de thé dans le domaine de l'art, elle n'est rien comparée

144. Les Sept Fours d'Enshū sont une liste de fours de poterie japonais dont les produits étaient considérés parmi les préférés du maître de la cérémonie du thé japonais Enshū Kobori : Asahi, Agano, Akahada, Kosobe, Shitoro, Takatori, Zeze.

à celle qu'ils ont exercée sur la conduite de la vie. Non seulement dans les usages de la politesse en société, mais aussi dans le moindre détail de nos vies domestiques : partout nous sentons la présence des maîtres de thé. La plupart de nos plats délicats, ainsi que notre façon de les servir, sont de leurs inventions. Ils nous ont aussi appris à nous habiller en couleurs sobres. Ils nous ont instruits sur l'esprit approprié pour aborder les fleurs. Ils ont mis en valeur notre amour naturel de la simplicité, et nous ont montré la beauté de l'humilité. À travers leurs enseignements, le thé est entré dans la vie de chacun.

Ceux d'entre nous qui ignorent le secret permettant de réguler convenablement sa propre existence sur cette mer tumultueuse de soucis insensés que nous appelons la vie, sont constamment dans un état miséreux, tout en essayant de passer pour heureux et satisfaits. Nous titubons dans nos efforts à garder un équilibre moral, et voyons des signes avant-coureurs de la tempête dans chaque nuage qui flotte à l'horizon. Il existe pourtant joie et beauté dans le roulement des vagues qui s'écrasent vers l'éternité. Pourquoi ne pas pénétrer leur esprit ou, comme Lie Tseu, ne pas enfourcher l'ouragan ?

Seul celui qui a vécu avec la beauté pourra mourir en beauté. Les derniers moments des grands maîtres de thé étaient pleins de raffinements exquis, à l'image de leur vie. Toujours chercher à rester en harmonie avec le grand rythme de l'univers les a préparés à pénétrer l'inconnu. Le « dernier thé de Rikyū » restera toujours un sommet de grandeur tragique.

L'amitié qui unissait Rikyū et le *taikō* Hideyoshi était de longue date, et l'estime dans laquelle le grand guerrier tenait le maître de thé était haute. Mais l'amitié d'un despote est un honneur dangereux à porter. L'époque était celle de la trahison, et les hommes n'accordaient même pas leur confiance à leur parent le plus proche. Rikyū n'était pas un courtisan servile, et il avait souvent eu l'audace de contredire son orgueilleux maître. Tirant avantage de la froideur qui existait depuis quelque temps entre le *taikō* et Rikyū, les ennemis du second l'ont accusé d'être impliqué dans un projet d'empoisonnement du despote. On a fait dire à Hideyoshi que la potion mortelle devait lui être administrée dans une coupe de breuvage vert préparé par le maître de thé. Au moindre soupçon, Hideyoshi n'hésitait pas à envoyer à l'exécution, et il n'était pas possible de raisonner le maître en colère. Un seul privilège pouvait être accordé au condamné : mourir de sa propre main.

Le jour de son propre sacrifice venu, Rikyū a invité ses principaux disciples à une dernière cérémonie du thé. À l'heure prévue, les invités se sont retrouvés, attristés, au portique. En regardant l'allée qui traversait le jardin, les arbres leur ont paru frissonner, et dans le bruissement des feuilles résonnaient les murmures de fantômes errants. Les lanternes en pierre grise se tenaient telles des sentinelles solennelles gardant les portes d'Hadès. Une vague d'encens précieux sortait de la chambre de thé ; à cet appel, les invités doivent entrer. Un à un, ils s'avancent pour prendre place. Dans le *tokonoma*, un *kakemono* est accroché : un texte merveilleux d'un vieux moine qui évoque l'évanescence de toutes les choses terrestres. La bouilloire bout sur le brasier en chantonnant telle une cigale qui exprime sa tristesse face à l'été qui s'en va. L'hôte entre dans la pièce. Chacun est servi, tour à tour, avec du thé, puis soulève en silence sa tasse. L'hôte passe en dernier. Selon les coutumes établies, l'invité le plus important demande la permission d'examiner le service à thé. Rikyū dispose devant eux les différents objets, ainsi que le *kakemono*. Une fois qu'ils ont tous exprimé leur admiration face à cette beauté, Rikyū leur offre à chacun d'eux un objet tiré du service, en guise de souvenir. Il ne garde pour lui que le bol. « Que cette coupe, souillée par les lèvres du malheur, ne soit plus jamais utilisée par un homme ! » Une fois ces mots prononcés, il brise la coupe en morceaux.

La cérémonie se finit ; les invités ont du mal à réprimer leurs sanglots, lui disent un dernier adieu, puis quittent la pièce. Un seul d'entre eux, le plus proche et le plus cher, est prié de rester et d'assister à la mort de Rikyū. Ce dernier retire sa robe de thé, puis la plie soigneusement sur la natte, faisant apparaître sa robe de mort, d'un blanc immaculé. Il regarde tendrement la lame éclatante de la dague mortelle, et lui adresse ces quelques vers exquis :

> Sois la bienvenue
> Ô lame de l'éternité !
> À travers Bouddha
> Et à travers Bodhidharma,
> Tu t'es ouvert ta voie.

Avec un large sourire, Rikyū est passé dans l'inconnu.

Index